中国政法大学地方治理
与危机管理研究中心
翟校义　主编

U0963474

信访与治理研究

Research on Public Complaints and Governance

01
2022
总第60辑

中国出版集团
中国民主法制出版社

图书在版编目（CIP）数据

信访与治理研究. 2022年. 第1辑/翟校义主编. —
北京：中国民主法制出版社，2022. 10
ISBN 978-7-5162-2983-5

Ⅰ. ①信… Ⅱ. ①翟… Ⅲ. ①信访工作—研究—中国
Ⅳ. ①D632. 8

中国版本图书馆CIP数据核字（2022）第204302号

图书出品人：刘海涛
责 任 编 辑：庞贺鑫

书名/信访与治理研究　**2022年第1辑**
作者/中国政法大学地方治理与危机管理研究中心　翟校义　主编

出版·发行/中国民主法制出版社
地址/北京市丰台区右安门外玉林里7号（100069）
电话/（010）63055259（总编室）　63058068　63057714（营销中心）
传真/（010）63055259
http：// www. npcpub. com
E-mail：mzfz@ npcpub. com
经销/新华书店
开本/16开　787毫米×1092毫米
印张/12. 25　**字数**/206千字
版本/2022年11月第1版　2022年11月第1次印刷
印刷/三河市宏图印务有限公司

书号/ISBN 978-7-5162-2983-5
定价/60. 00元

《信访与治理研究》刊物
编委会

关于《信访与治理研究》理论刊物的说明

为深入贯彻落实党的二十大精神，深入贯彻落实习近平总书记关于加强和改进人民信访工作重要思想，持续推进信访与治理领域前沿理论与实践议题的研究，积极打造新时代信访理论研究者与实务工作者沟通交流的前沿理论阵地，2022年，《信访与社会矛盾问题研究》刊物正式改版为《信访与治理研究》刊物。

《信访与治理研究》（原《信访与社会矛盾问题研究》）作为全国唯一公开发行的信访理论刊物，填补了信访与治理领域的空白，是信访研究领域的重要创新。2010年，时任北京市信访办副主任、北京市信访矛盾分析研究中心（全国第一家信访领域的专业智库）创办人张宗林同志主持创办了本刊。创刊以来，刊物品质稳步提升，社会影响力不断增强。截至2021年12月，本刊已公开发行59辑（另有内刊4辑），刊登文章、观点1393篇，涉及作者1358位，字数达790余万；本刊订阅范围已覆盖全国31个省市自治区，推动我国信访理论研究的不断深入，成为新时代信访理论研究的重要平台。

《信访与治理研究》刊物设于“全国信访高等教育联盟”发起单位，全国首个信访博士、博士后培养方向培养单位，“信访大数据实验室”建设单位——中国政法大学。刊物由中国政法大学地方治理与危机管理研究中心组织编辑，期刊编委由中国政法大学、北京大学、清华大学、中国人民大学、北京师范大学、香港中文大学、意大利比萨圣安娜大学、奥地利维也纳大学等境内外知名专家学者担任。期刊协作单位包括清华大学中国社会风险评估研究中心、北京大学社会治理研究中心、北京师范大学法学院、中山大学地方治理与公共政策研究中心、武汉大学法律与科技研究中心、西南政法大学中国信访与法治中国研究中心、中南财经政法大学中国信访与社会稳定研究中心、华东政法大学信访制度比较研究中心、西北政法大学中国信访与地方法治政府研究中心等。

《信访与治理研究》刊物坚持从信访视角深入探究当代中国国家治理、政府治理和社会治理领域的前沿议题。刊物坚持理论联系实际，运用多元学科的视角、把握前沿理论动态、总结深层实践规律，致力于构建信访理论研究者和实务工作者的学术交流平台，积极打造研究当代中国治理理论与实践的前沿学术阵地。

衷心感谢理论界与实务界的朋友对本刊的支持与厚爱！期待在各位的关注和支持下，刊物越办越好，为推动新时代信访与治理领域的理论创新、实践创新贡献力量！

本刊编辑部

中国民主法制出版社

2022 年 10 月

信访制度创新与社会矛盾源头预防

信访制度是我国国家治理体系的重要组成。《中共中央关于党的百年奋斗重大成就和历史经验的决议》明确要求“坚持和发展新时代‘枫桥经验’，坚持系统治理、依法治理、综合治理、源头治理，完善信访制度，健全社会矛盾纠纷多元预防调处化解综合机制”。党的二十大报告也明确要求“在社会基层坚持和发展新时代‘枫桥经验’，完善正确处理新形势下人民内部矛盾机制，加强和改进人民信访工作”。2022 年，中共中央、国务院颁布《信访工作条例》，进一步优化信访工作体制机制，推动新时期信访工作的创新发展。本期围绕“信访制度创新与社会矛盾源头预防”，关注当前信访制度创新完善的理论与实践议题，积极推动信访与社会矛盾的源头预防。

在全面推进依法治国的背景下，信访法治化是新时代信访制度改革的必然方向。当前，我国信访法治化建设已初见成效，但推进过程中仍存在一系列挑战。本期“专家观点”栏目特别邀请中国法学会行政法学研究会副会长王周户教授就“推进新时代信访法治化建设”发表专家观点。王周户教授认为，信访法治化是新时代信访制度改革的方向。文章详细剖析了当前我国信访法治化建设的推进实效以及新颁布的《信访工作条例》对信访法治化的创新。文章诠释了新时代信访法治化建设的关键在于要在政治上坚持党的全面领导下的信访法治化，在对象上坚持信访工作部门与信访人的双重面向，在内容上坚持行为约束与程序约束共进，在功能上逐渐弱化权利救济功能，在效果上坚持形式法治与实质法治并重。

探索诉源治理，推动新时期信访与社会矛盾的源头预防，意义重大。“理论视野”栏目的《诉源治理:中国国家治理的重要形式》一文,分析了新时期诉源治理的政策背景、基本内涵和基本定位,研究认为诉源治理彰显了中国国家治理的建构逻辑,对推进中国国家治理现代化具有推动自我革新、提升效能的独特价值。《涉诉信访源头治理机制的构建》一文重点关注涉诉信访问题的源头治理,文章认为涉诉信访源头治理的本质是信访风险的预防,文章分析了当前我国涉诉信访源头治理的现状特点及现实挑战,建议采取规范诉前调解行为、坚持司法审判功能的核心定位、构建多元共治的源头治理格局等多元措施,推动涉诉信访诉源治理的持续完善。今天的现实是昨天历史的逻辑延伸,探究信访制度的演变历程和历史逻辑,有利于全面了解信访制度的特性,从而更深层地把握信访制度创新完善的内在机理。为此,本期“理论视野”栏目特别邀请西南政法大学中国信访与法治中国研究中心主任邹东升教授剖析我国信访制度的历史嬗变。邹东升教授从政策目标、政策工具和政策精确设置的变化等多元维度刻画信访制度70多年间的变迁历程,剖析了触发信访制度变迁的动力因素(重大社会变革、关键政策调整、社会焦点事件等),揭示了信访制度的内在演进逻辑。

“枫桥经验”是党领导人民创造的一套行之有效的基层社会治理方案,是中国特色社会主义社会治理体系的重要内容,新时代“枫桥经验”在推动我国基层治理创新中具有典型意义。“学术前沿”栏目的《小事不出“格”,大事不出“网”:新时代“枫桥经验”数字化发展中的机制创新》一文,分析了新时代“枫桥经验”数字化发展的实践逻辑,探索了新时代“枫桥经验”数字化发展的机制构建,文章认为“枫桥经验”数字化的未来发展要回归以群众为主体的共建共治共享,更加偏重于为群众赋能,激发群众的主体性和能动性。与此相对应,“理论视野”栏目的《“一体两翼”:新时代基层社会矛盾化解的基本理路》一文也关注基层社会矛盾的预防化解,强调新时代基层社会矛盾化解中,应以有解思维与系统思维作为理念之翼,以情法结合与专智并举作为行动之翼,维护和增进最广大人民的合法权益。

当前,疑难重复信访问题是信访治理的难点。“信访观察”栏目的《作为历史遗留问题的知青信访》一文,重点关注知青信访这一代表性的疑难信访问题，研究发现，知青群体的形成有特殊的历史原因，知青信访呈现利益失落、时段性、集群化、网络动员等特征，文章也为妥善化解知青信访问题提出相应的对策建议。“信访观察”栏目的《生活与政治的互嵌：中国长期上访行为的发生逻辑——以一个多年上访案件的分析为例》一文，通过一个多年上访的案例分析发现，长期上访可导源于“生活与政治的互嵌”现象，这包括政权融入生活、生活融入政权、政权和生活相互依存性的再生产三个方面，对此，未来的治理之策包括促进政府和社会互动的法治和协商性、适当强化和保持基层政府的权威、增强政府领域和社会领域之间的过渡性。“信访观察”栏目的《司法信访与司法公信力——历史与比较视角下的德国类信访制度》一文则从比较研究的视角梳理了古罗马与德国的司法信访实践，并与中国的司法信访实践进行对比研究。德国类信访制度的发展历史和经验，为我国信访制度的改革完善提供了参考借鉴。

此外，本期刊物还关注当前的一些热点社会矛盾的治理。如“社会调查与案例分析”栏目的《“忠诚”还是“附庸”：现代城市中的社区聚集——以唐山市H庄社区聚居文化的形成为例》一文，关注城市化进程中产生的特殊社区类型——“村改居”社区，以典型案例切入探讨了“村改居”社区的特色聚居文化和治理特点。“学术前沿”栏目的《在线教育发展的风险与治理研究》一文探讨了新政策环境下在线教育行业的治理风险及对策。

本刊编辑部

2022年10月

目录
CONTENTS

学术前沿

社会调查与案例分析

专家观点

王周户　杨思怡

推进新时代信访法治化建设

推进新时代信访法治化建设

□ 王周户　杨思怡*

摘要： 在全面推进依法治国的背景下，信访法治化是新时代信访制度改革的必然方向。我国信访法治化建设已初见成效，但推进过程中仍存在一系列挑战。《信访工作条例》以工作原则的方式确认信访法治化的改革方向，强化了党对信访工作的全面领导，扩大了信访法治化覆盖范围，从制度化、规范化、程序化角度优化信访工作机制，体现更加全面、严格的政治责任。新时代信访法治化建设的关键在于要在政治上坚持党全面领导下的信访法治化，在对象上坚持信访工作部门与信访人的双重面向，在内容上坚持行为约束与程序约束共进，在功能上逐渐弱化权利救济功能，在效果上坚持形式法治与实质法治并重。

关键词： 信访法治化　《信访工作条例》　党的领导

一、信访法治化是新时代信访制度改革的必然方向

信访是根植于我国传统政治文化、形成并发展于中国共产党伟大政治实践的中国特色社会主义政治制度。信访工作是党的群众路线在社会治理领域的具体体现，是党和政府了解民情、集中民智、维护民利、凝聚民心的一项重要工作，是各级机关、单位及其领导干部、工作人员接受群众监督、改进工作作风的重要途径。信访制度承载着民意上传、政治参与、权力监督、权利救济与纠纷化解等基本功能，是新时代社会治理领域必不可少的重要制

* 王周户，中国法学会行政法学研究会副会长，西北政法大学地方政府法治建设研究中心主任、教授、博士生导师；

杨思怡，西北政法大学行政法学院（纪检监察学院）讲师、博士研究生。

度。在实践中信访部门的运行也面临一系列的现实挑战，并由此引发实务界与理论界对信访制度的争辩。基于当前信访制度在社会治理中承载的重要作用以及作为党的群众工作所独有的政治价值，新时代的信访制度改革方向既非简单取消亦非单纯强化，而是以规范化、专业化、法治化的形式予以优化。信访法治化是优化信访制度的途径，是新时代信访制度改革的方向。信访法治化既是信访工作发展的现实要求，又是全面依法治国的必然要求。

（一）信访法治化是信访工作发展的现实要求

1. 信访秩序需要法治化予以规范

社会转型时期的社会矛盾更加多元化、复杂化，在诉讼机制、复议机制、调解机制等多元化纠纷解决机制尚不健全的情况下，信访制度承担了过多的矛盾纠纷化解功能。一方面，“维护民利”政治理念下信访制度的准入门槛较低，大量社会矛盾纠纷从信访渠道涌入；另一方面，信访部门权责不匹配，信访部门运行过载。信访工作实践中存在案件数量居高不下与案件化解率持续走低、信访矛盾协调能力需求偏高与信访工作部门法定职权有限等运行挑战，信访秩序亟须通过法治化方式予以规范。

2. 信访功能需要法治化予以明确

信访制度具有时代性，其功能定位必须服务于经济社会发展与社会治理创新的实践需求。信访制度设置初期主要承担的是反映群众意见、改进作风的政治功能，拨乱反正时期信访的政治功能开始弱化，权利救济、矛盾化解等功能逐步凸显。改革开放以后，社会矛盾的多元化、复杂化导致信访中申诉求决类案件大大增多，信访的权利救济与矛盾化解功能更加凸显，与此同时，信访的政治功能被压缩。作为一种非正式的、灵活的、个案化的纠纷化解机制，信访制度具有入口门槛低、介入效率高等其他制度不可比拟的制度优势。但同时，因功能定位不清引发的受理范围不明、职权职责不清、行政权与司法权边界不明确问题成为信访制度亟待解决的现实挑战，信访制度的功能定位需要以法治化方式予以明确。

3. 信访权利需要法治化予以保障

我国宪法规定的意见和建议、申诉、控告、检举等方面的基本政治权利为公民信访提供了宪法依据。在矛盾纠纷日益多元化的今天，许多信访纠纷的另一方本身就是政府。政府作为信访纠纷的一方当事人，同时又是信访纠纷化解的裁判者，依据的又多是政府规章制度、规范性文件或相关政策，这就使得在许多问题的处理上，政府公权力的行使难以受到有效约束，公民信访权利容易受到减损。同时，信访是一种权利，而任何权利都不是无序的，都要以规范为依据，信访人在行使信访权利时应当遵守信访规则。信访权利的行使需要相应机关对权利进行保障，所以就要明确信访部门与所涉及的相关部门之间的职责和职权是什么，以及应当如何依法全面履行职能。这些都需要在法治轨道上得到确立并依照法治方式予以运行。

（二）信访法治化是全面依法治国的必然要求

法治是现代国家治国理政的基本方式，信访法治化是国家推进依法治国、推进治理体系现代化和提升治理能力的重要举措。1995 年，国务院出台了《信访条例》，成为信访开始迈向法治化的重要体现和依据。在总结多年实践经验的基础上，2004 年，国务院印发的《全面推进依法行政实施纲要》中将完善信访制度作为全面推行依法行政，探索高效、便捷和成本低廉的防范、化解社会矛盾的机制的重点内容。2005 年修订的国务院《信访条例》更是全面整合行政信访中的各项工作机制，为信访法治化提供了基本依据。2007 年，中共中央、国务院制定《关于进一步加强新时期信访工作的意见》，提出要“推进信访工作的制度化、规范化和法制化”。党的十八大以来，信访法治化更是被屡屡提及。党的十八届三中全会决定提出“把涉法涉诉信访纳入法治轨道解决，建立涉法涉诉信访依法终结制度”，党的十八届四中全会决定提出“把信访纳入法治化轨道”，信访法治化成为全面推进依法治国的重要组成部分。中共中央、国务院印发的《法治政府建设实施纲要（2015—2020 年）》也强调“把信访纳入法治化轨道”。2016 年，国家信访局印发的《信访系统贯彻〈法治政府建设实施纲要（2015—2020 年）〉的实施方案》明确了信访法治化的主要任务和具体措施，使信访法治化建设迈上了新的台阶。2017 年，中共中央办公厅、国务院办公厅印发的《关于进一步加强信访法治化建设的意见》，进一步明确了信访制度的改革目标与发展方向。2022 年，由中共中央、国务院发布施行的《信访工作条例》以党对信访工作的全面领导统揽信访工作全局，为新时代我国信访法治化的推进开辟了新思路，锚定了新方向。信访法治化已经成为新时代全面依法治国的重要内容。

1. 信访法治化有助于保障人民充分行使当家作主的权利

人民群众是全面依法治国的推动主体与价值归依。我国是人民当家作主的社会主义国家，人民是国家的主人，我国宪法为公民信访提供了宪法依据，人民通过宪法赋予的权利直接或间接地参与国家治理与公共事务管理。信访工作本质上是党的群众工作，其首要职能就是加强党与人民群众的密切联系，通过信访工作了解民情、集中民智、维护民利、凝聚民心。要将解决信访问题和解决民生问题相结合，构建对维护群众利益具有重大作用的制度体系，建立健全社会矛盾预警机制、利益表达机制、协商沟通机制、救济救助机制，畅通群众利益协调、权益保障法律渠道。把信访纳入法治化轨道，保障合理合法诉求依照法律规定和程序就能得到合理合法的结果。信访法治化有助于维护人民主体地位、保障人民合法权益。

2. 信访法治化有助于促进法治政府建设

法治政府建设是全面依法治国的重点任务和主体工程。新时代的法治政府建设以职能科学、权责法定、执法严明、公正公开、智能高效、廉洁诚信、人民满意为目标，其核心要义是通过规范政府依法行政，保障人民合法权益。信访制度具有政治参与、权力监督、权利救济、矛盾调处、民意沟通等多重功能，信访法治化有利于优化政府运行流程，提升政府治理能力，从而推动法治政府和服务型政府建设。具体来说，信访法治化有助于通过拓宽人民群众和社会组织有序参与行政立法的渠道，推进行政立法全过程民主，提升行政立法科学性、民主性、合法性；信访法治化有助于通过强化权力监督促进政府严格、公正、文明执法，提升执法能力和执法水平；信访法治化有利于通过补充渠道建立保障人民群众的合法权利，在依法行政的过程中解决人民群众的合法诉求，通过合法渠道有效化解社会矛盾纠纷；信访法治化有利于借助压力传导倒逼公务人员，尤其是关键少数提高运用法治思维和法治方式的能力，以法治思维和法治方式想问题、作决策、办事情。

3. 信访法治化有助于提高司法公信力

信访与调解、仲裁、诉讼、行政复议等其他法定纠纷解决机制边界不明，致使进行信访工作时可能产生跨界与越界。信访法治化有助于以法定形式确认信访分流机制，区分法律性质的信访与非法律性质的信访，使涉法涉诉信访案件回归正式的司法救济渠道并以法定程序进行，从而重塑司法权威和公信力。

4. 信访法治化有助于增强全民法治观念，推进法治社会建设

“全民守法是法治社会的基础工程。”（习近平，2021）实践中信访工作的操作过程遵循法治思维和法治方式的水平仍有待提高，加之信访人的信访诉求也已经从原本单纯的权利救济演化为复合型利益诉求，随之出现一系列现实调整和问题。信访法治化有助于规范信访秩序，引导和支持人民群众理性表达诉求、依法维护权益，同时对为达成目的而采取缠访、闹访等非法行为方式的人员依法进行处置。“逐级走访”“三级终结”“信访听证”等制度的建立实行，既能够推进信访法治化进程，也能够以此增强全体公民法治意识和提高全体公民的法治素养，使法治成为社会共识和基本准则。

二、信访法治化建设的推进实效

（一）规范角度：信访法律规范体系基本建立

经过数十年的制度建设，我国信访法律规范体系已基本建立，形成了以宪法为统领，以《信访条例》为基本框架，以地方信访法律规范、党政机关信访法律规范以及司法解释类信访文件等为主要内容的信访法律规范体系（宋明，2021）。2022 年 5 月 1 日正式实施的《信访工作条例》，以党对信访工作的全面领导统揽信访工作全局，为新时代我国信访法治化的推进开辟了新思路，锚定了新方向。《信访工作条例》是对国务院《信访条例》的优化与升级，突破了《信访条例》主要规范行政信访的界限，扩大了规范信访工作的覆盖范围，进一步理顺了信访工作体制和格局，优化了一系列相关制

度机制，对进一步规范和加强新时代信访工作具有里程碑意义。但是，我国信访法律规范体系仍有待进一步健全完善。

（二）运行角度：信访工作机制不断建立健全

根据笔者参与的全国信访法治化现状调研（西北部区域）项目收集的资料，目前我国信访法治化建设运行良好。信访机构设置较为完备、信访业务运作基本正常、信访工作流程较为规范，各项工作机制不断建立健全。实践中以逐级走访、复查复核、网络信访、依法分类处理信访、三级终结等制度为主要内容的信访基本运行机制，以信访联席会议、三项建议（具体包括行政处分建议权、改进工作建议权、完善政策建议权）、包案化解、信访听证、调解、联合督导、挂牌督办、信息研判预警、信访督查等制度为主要内容的信访工作保障机制，以定点接访、专题接访、带案下访、重点约访、集中接访等制度为主要内容的接访下访机制已初步形成（王学军，2012）。

（三）效果角度：诉访分离初步形成，权责统一初见成效

“信访不信法”是信访制度运行中一直存在的问题，推进诉访分离成为信访制度改革的工作重点。2005 年国务院修订的《信访条例》规定要求区分涉法涉诉信访与普通信访，2013 年开始的涉法涉诉信访工作机制改革探索确立了诉访分离与涉法涉诉信访依法终结制度，后在中共中央办公厅、国务院办公厅联合印发的《关于依法处理涉法涉诉信访问题的意见》中予以确认。该意见确立了实行诉讼与信访分离制度、建立涉法涉诉信访事项导入司法程序机制、严格落实依法按程序办理制度、建立涉法涉诉信访依法终结制度，这些制度及其相关机制的不断建立健全在实践中产生了较为显著的效果，大部分涉法涉诉案件能够通过法定渠道进入司法程序，使得诉访分离初步形成并显示实效。信访责任法治化是信访法治化的重要内容。《信访工作责任制实施办法》对信访工作各责任主体的责任内容进行了明确规定，综合运用督查、考核、惩戒等措施，依法规范各级党政机关履行信访工作职责，强化信访工作责任，确保群众合理合法诉求及时就地解决。为了落实信访责任，实践中地方信访部门以推进领导干部接访下访压实领导干部责任，以推

进联合接访压实职能部门责任，以推进依法逐级走访压实基层属地责任，以推进初信初访规范办理压实信访基础业务责任，以完善信访联席会议、建立重大复杂疑难信访听证压实信访积案攻坚化解责任。权责一致的责任信访格局初见成效。

三、《信访工作条例》对信访法治化的创新

2005 年，国务院修订的《信访条例》作为我国信访制度体系的最高层级规范，多年来为信访制度体系搭建了基本框架，也是推动信访法治化非常重要的制度依据。但是，新时代社会主要矛盾发生了深刻转变，信访工作面临许多新问题新挑战。在总结党的十八大以来信访制度改革经验，全面吸收融合《信访条例》的基础上，2022 年，中共中央政治局会议审议批准了《信访工作条例》，并由中共中央、国务院共同发布实施。《信访工作条例》共 6 章 50 条，在制度设计上更加体现出综合治理、分类治理、多元治理、依法治理的整体思路。《信访工作条例》围绕信访工作体制机制、任务责任、处理程序、监督体系等进行顶层设计，体现了信访法治化的诸多创新。

（一）强化党对信访工作的全面领导

在全面深化改革与全面依法治国背景下，党的领导也必将走向法治化道路（张炜达、郭朔宁，2021）。《信访工作条例》的最大特色就是以党的领导统筹整合信访工作方方面面，将党的全面领导贯彻到信访工作的各方面全过程，以法治方式使党的政治理念走向现代化、制度化、法治化。《信访工作条例》第 1 条立法目的中明确要坚持和加强党对新时代信访工作的全面领导。第 3 条强调了作为贯彻党的群众路线的信访工作密切联系群众的政治功能。第 4 条指导思想中融入了政党意志与政治责任。第 5 条将坚持党的全面领导作为信访工作应当遵守的首要原则，将党政同责作为信访工作责任的基本原则。第 7 条明确了党全面领导下的信访工作格局。第 8 条规定了党中央统一领导信访工作的具体方式。第 9 条对地方党委领导本地区信访工作进行了规定。第 14 条规定了各级党委和政府信访部门是开展信访工作的专门机

构，并规定了具体职责。第16条规定了各级党委和政府应加强信访部门建设，优化配强领导班子，建立健全信访督查专员制度，打造高素质专业化信访干部队伍。

（二）以工作原则的方式确认信访法治化的改革方向

2005年，国务院《信访条例》的出台为信访制度实践中的存废之争画上了句号，并确定了法治化的信访改革思路。《信访条例》以行政法规的形式将信访活动与信访工作的各项机制以制度化的方式确定下来。信访法治化既包括信访制度的法治化，也包括信访行为与信访理念的法治化（李晓瑜，2020）。为了将法治化贯彻到信访制度、信访行为、信访理念各个方面，《信访工作条例》第4条明确规定信访工作要"坚持底线思维、法治思维"，并首次以工作原则的方式确认信访法治化的改革方向；在第5条中将"依法按政策解决问题"作为信访工作的基本原则，要求"将信访纳入法治化轨道，依法维护群众权益、规范信访秩序"。

（三）扩大信访法治化覆盖范围

从横向上看，《信访工作条例》将信访法治化覆盖范围从行政信访扩大至所有信访事项及信访渠道整体。国务院《信访条例》是行政法规，主要是规范行政领域涉及信访事项的行政机关，社会团体、企事业单位参照执行。然而事实上，信访工作涉及的范围极广，几乎遍布整个公权力行使的事项范围，除行政系统外还包括党委、人大、政协、监察、法院、检察院、军队以及人民团体、事业单位、国有企业等各个系统。为了扩大信访法治化覆盖范围，统合不同系统的信访工作，《信访工作条例》第2条将适用范围扩展到各级党的机关、人大机关、行政机关、政协机关、监察机关、审判机关、检察机关以及群团组织、国有企事业单位等，几乎涵盖了所有公权力主体的全部信访工作。从纵向上看，《信访工作条例》更加注重信访法治化向基层延伸。信访是社会治理领域的重要制度，而基层治理是新时代社会治理的基石。《信访工作条例》更加注重工作重心下沉，如在第13条第3款规定可以根据工作需要由乡镇党委和政府、街道党工委和办事处建立信访工作联席会议机制。在第 15 条第 3 款规定乡镇党委和政府、街道党工委和办事处以及村（社区）“两委”在矛盾纠纷源头化解上发挥的职能。

（四）从制度化、规范化、程序化角度优化信访工作机制

制度化、规范化、程序化是社会主义法治的基本特征。信访法治化就是要通过对信访制度的程序进行构建来实现其内在价值。信访法治化一是要建立完备的信访分流制度体系；二是要通过提升信访制度运行的规范性、程序性、专业性来提高信访制度的合法性、有效性，从而确保信访制度的功能实现，保障公民信访权利。

《信访工作条例》正是从规范化、程序化角度确认、整合和强化了实践中已经成熟的信访工作机制并进行了相应创新。《信访工作条例》第 5 条整合了《信访条例》第 3 条、第 4 条、第 5 条、第 27 条、第 31 条的规定，凝练出信访工作应当遵循的基本原则，强调了“坚持党的全面领导”“坚持以人民为中心”“坚持落实信访工作责任”“坚持依法按政策解决问题”“坚持源头治理化解矛盾”。在信访工作体制上，《信访工作条例》第 7 条明确要构建“党委统一领导、政府组织落实、信访工作联席会议协调、信访部门推动、各方齐抓共管”的信访工作格局。为了推进诉访分离，确保合理合法诉求依照法律规定和程序就能得到合理合法的结果，《信访工作条例》第 29 条至第 31 条分别就建议意见类、检举控告类、申诉求决类事项进行区分并分别规定其受理办理程序。为了强化信访责任，《信访工作条例》构建了包括监督责任、监督机制、责任追究在内的监督体系。主要内容包括强化信访工作督查、强化信访工作考核、强化信访部门提出改进工作、完善政策和追究责任“三项建议”的职责，建立信访情况报告制度，做好与巡视巡察工作、干部监督工作的衔接等。

（五）体现更加全面、严格的政治责任

党内法规体系是中国特色社会主义法治体系的重要组成，直接承载着执政党的执政理念，并处处体现出纪在法前、纪严于法的特点。《信访工作条例》一方面体现出制度化、规范化、程序化特征；另一方面也体现出更加全

面、严格的政治责任。

在信访工作的指导思想上，《信访工作条例》融入了中国共产党以人民为中心的执政理念，在第 4 条明确指出信访工作要“牢记为民解难、为党分忧的政治责任”，这就提升了对信访工作的实质要求。目前看来，信访制度的权利救济与纠纷化解功能仍居主位。新时代信访工作必须坚持效率与质量并重。为了有效提升信访工作效率，规范信访工作流程，增加信访透明度，《信访工作条例》回应了大数据时代网络信访的兴起，在第 17 条、第 18 条、第 21 条新增了关于网上信访的制度设计。为了确保矛盾纠纷实质性化解，《信访工作条例》第 15 条规定提出要坚持和发展新时代“枫桥经验”，充分发挥乡镇党委和政府、街道党工委和办事处以及村（社区）“两委”在矛盾纠纷源头化解上的职能，强调就地化解信访矛盾纠纷。第 27 条规定要依法按政策及时就地解决群众合法合理诉求，对于诉求合理的应当解决问题到位，对于诉求无理的应当思想教育到位，对于生活困难的应当帮扶救助到位。第 33 条规定申诉求决类事项办理应建立调解与和解制度，充分尊重当事人意志，推进社会矛盾纠纷实质性化解。《信访工作条例》还强化了信访责任，不仅有法律责任还有政治责任，不仅有程序责任还有效果责任。追责依据不仅限于法律法规，还包括党内法规与纪律。第 45 条增加了“对党委和政府信访部门提出的改进工作、完善政策等建议重视不够、落实不力，导致问题长期得不到解决”“其他不履行或者不正确履行信访事项处理职责的情形”两项追责情形，体现了纪严于法的政治要求。

四、新时代信访法治化建设的关键

（一）在政治上坚持党全面领导下的信访法治化

1. 强化党的领导，充分发挥信访制度的政治优势

作为一项重要的政治发明，我国信访制度本身就发端于党的执政探索，来源于党的群众工作实践。自建党之初，共产党就坚持以人民为中心的执政理念。信访工作是党和政府了解民情、集中民智、维护民利、凝聚民心的重

要渠道，信访法治化必然要坚守党的领导的基本原则。“党委统一领导、政府组织落实、信访工作联席会议协调、信访部门推动、各方齐抓共管”信访工作格局的形成与中国共产党以人民为中心的执政理念以及在此理念下不断推行的矛盾纠纷实质性化解是分不开的。要贯彻并把握好坚持党对信访工作的全面领导与信访法治化之间的关系。党对信访工作的领导既体现在政治领导、思想领导、组织领导等宏观方面，也体现在对信访法治化的领导上。党对信访工作的领导一方面确保了信访制度改革在正确的方向进行，另一方面党对信访制度的领导本身也应当依法依规，在法治轨道上进行。

2. 用辩证思维统合信访工作中的群众路线与法治主义

法治与政治并不是割裂对立的，二者是一种辩证关系。政治决定着法治的制度性质及其根本走向，法治要反映政治要求，而在依法治国和依法执政下，政治也需要在一定条件下和范围内借助法治方式来实现。信访制度具有政治性和法治性双重属性，能够统合在全面依法治国实践之中。从实质上看，信访制度承载的民主价值与社会主义法治对民主、公正的实体追求一致；从形式上看，信访制度的规范性、程序性外观与社会主义法治的形式化原则相契合，这就为信访法治化提供了基础。不能简单以信访制度与信访工作运行中存在的一些问题而对其本身进行否定性评价，而应当用辩证思维统合信访工作中的群众路线与法治主义，以法治化方式推动信访制度改革。推进新时代信访法治化建设需平衡群众路线与法治主义内在张力，以党的领导统合信访工作各项体制机制。在治理逻辑中以法治中的公开性、普遍性、程序正义等原则的落实，通过组织结构、运行机制、制度规范的建立健全贯彻信访制度内涵的民主价值与对公平正义的追求。

（二）在对象上坚持信访工作部门与信访人的双重面向

信访法治化的对象既包括信访工作又包括信访行为。信访法治化推行不畅的原因既有来自一些信访工作部门在信访工作中一定程度上的不严格、不规范、不担当，也有来自信访人信访行为的不规范、不合理、不合法。因此，信访法治化应当严格坚持信访工作部门与信访人双向规范。一方面，要依法规范信访部门的信访工作，以加强信访法律体系建设为契机明确信访部门权限范围，既推行诉访分离，让各类案件能够按照法定要求法定程序进入相应的处理渠道，同时也以依法全面履职、强化责任监督确保信访机关、单位在信访工作中严格遵守信访业务规则、流程、机制，杜绝实践中截访、压访或妥协等现象，创新工作方法，促进阳光信访、责任信访、法治信访的形成。另一方面，要依法规范信访人的信访行为，既依法保障公民合法权益，也要引导群众正确认识信访权利和实现权益的途径，提高群众遵法、守法、用法的意识，保障公民的合理诉求通过信访途径依法得到处理和解决。要引导群众理性合法地表达个人诉求、维护自身权益，对以信访为名缠访闹访、谋取非法利益、破坏信访工作秩序与社会秩序的应当依法严肃处理。

（三）在内容上坚持行为约束与程序约束共进

从近年来信访法治化改革工作开展的情况来看，重点上主要是推进越级上访的法定程序控制、信访的三级终结流程和信访督查程序以及渠道分流改革等程序建制（张炜达、郭朔宁，2021）。程序主义进路的优点是直接就信访制度运行中的实际问题进行精细、明确的规范化设计，以规避因不规范的运作而产生的信访乱象。程序主义进路下的信访法治化改革以精细化、规范化、实操化的方式逐步构建起信访制度规范化的运作流程，在实践中发挥了重要作用。但与此同时，程序主义进路推进中产生的制度化、标准化等形式法治特征有悖于信访制度作为一种非正式的、灵活的权宜性模式设计，这又在实际上影响着信访制度效果的发挥。以越级上访为例，实践中确实存在因信访渠道不畅通等程序性故障引发的越级上访，但更多的越级上访是由于新时期矛盾纠纷的复杂性以及信访人对政府的“差序政府信任”。在这种情况下，仅凭程序约束显然无法解决深层次的问题。信访法治化的行为规范主义进路更能从深层次解决问题。信访法治化首先强调约束行为，其次才是规范程序（张宗林、吴镝鸣，2018）。行为规范既包括信访人的行为，也包括信访机关、单位的行为，而后者无疑是规范与约束的重点。前者主要是以法治化形式引导信访人以合法方式、合法渠道，就其合法诉求进行表达。一方面保障信访人权利的行使，另一方面维护信访秩序。后者则至少包括两方面内容：一是从规范信访工作的角度出发，以法治化形式规范信访机关对信访活动的回应和处理；

二是从建设法治中国的角度出发，以法治化形式和压力性特征推进执政党依法执政以及政府依法行政，从源头上减少矛盾纠纷的产生。

（四）在功能上逐渐弱化权利救济功能

信访权利救济功能的畸形膨胀可能侵占了其他法定救济途径的空间。但是转型时期社会矛盾的特殊性又注定不能以“休克疗法”直接将信访制度的权利救济功能予以剥离，信访功能重心的转移必须与司法体制改革、行政体制改革相适应。现阶段可行的方式是采用“两步走”战略：在政治参与渠道有待进一步畅通、司法权威没有完全树立的情况下，通过分流方式对信访权利救济功能予以限缩，在保留信访的“底线救济”功能的同时，强化信访的政治参与功能。在诉访分离机制运行良好、政治参与渠道畅通、司法权威全面确立的情况下，将矛盾纠纷化解以及权利救济功能予以剥离。

（五）在效果上坚持形式法治与实质法治并重

信访法治化是中国特色社会主义法治建设的必然要求。信访的政治性和法治性统合于中国特色社会主义法治建设，要求信访法治化在效果上坚持形式法治与实质法治并重。坚持形式法治，就是坚持以制度化、规范化、程序化确认和保障各项信访工作机制在法定轨道运行。坚持实质法治，将党的机关以及其他各类机关全部包含进来，从更高的政治站位上统辖人民群众的诉求，在信访工作中践行法治蕴含的公平正义理念，灵活平衡事实的合法性与合理性，树立人们心中对“公平”的信仰（张宗林、郑广淼，2013），在信访功能、信访范围、处理标准、处理程序、信访依据等方面进行全面的法治化（杨小军，2013）。程序正当是信访法治化的基础，信访法治化的所有内容都要符合程序正当的基本要求。信访追求的正义必然包括程序正义，不能仅追求实体正义而忽视程序主义。同时，程序正义是实体正义的保障而非阻碍，不能以程序之名将目前无法通过现有程序进行救济的事件排除在外。信访法治化建设是一项长期工程，必须从全面依法治国与国家治理体系现代化的高度进行制度设计。信访工作的出发点不能仅停留在维稳思维“摆平逻辑”，而是必须要确保以法治化方式取得形式与实质的双重正义。

参考文献：

习近平，2021，《坚定不移走中国特色社会主义法治道路 为全面建设社会主义现代化国家提供有力法治保障》，《求是》第5期。
宋明，2021，《信访法律规范体系概述》，《信访与社会矛盾问题研究》第3期。
王学军，2012，《中国当代信访工作制度》，人民出版社。
张炜达、郭朔宁，2021，《论全面依法治国背景下党的领导法治化》，《西北大学学报（哲学社会科学版）》第5期。
李晓瑜，2020，《当代中国信访法治化进程的回顾与展望》，《领导科学》第4期。
张宗林、吴镝鸣，2018，《国家治理体系下的信访制度研究》，人民出版社。
张宗林、郑广淼，2013，《中国信访：新视角 新思维 新理念》，中国民主法制出版社。
杨小军，2013，《信访法治化改革与完善研究》，《中国法学》第5期。

Promoting The Legalization of The Petition System in The New Era

Wang Zhouhu　Yang Siyi

Abstract: In the context of comprehensively promoting the law-based governance, the legalization of the petition system is an inevitable direction for the reform of the the petition system in the new era. Although preliminary results have been achieved, there are still many problems at the theoretical and practical levels. There is a conflict between the mass line and the rule of law at the theoretical level, while unclear functional orientation, poor system operation and incomplete legal system still exit at the practical level. The "Regulations on the Work of The Petition System" confirms the reform direction of legalization of The Petition System by working principle, strengthens the overall leadership by the CPC over the work of the petition system, expands the coverage of the legalization of the petition system, and optimizes it from the perspective of institutionalization, standardization, and procedures, embody more comprehensive and strict political responsibility. There are some essential work should be done in the legalization of the petition system in the new era: we should adhere to the legalization of the petition system under the overall leadership by the CPC, we should adhere to the dual aspect of the petition system working departments and letter-writers and visitors in terms of objects, we should adhere to the co-development of behavioral and procedural constraints in content, we should gradually weaken the right relief function of the petition system, and to realize the rule of law in form and substance in terms of effect.

Keywords: Legalization of The Petition System, Regulations on the Work of The Petition System, Leadership by The CPC

理论视野

邹东升　钟　雪　新中国成立以来信访制度历程嬗变

王湘军　『一体两翼』：新时代基层社会矛盾化解的基本理路

张真理　诉源治理：中国国家治理的重要形式

李大勇　陈振其　涉诉信访源头治理机制的构建

新中国成立以来信访制度历程嬗变*

□ 邹东升　钟　雪**

摘要： 信访制度是一项独具中国社会主义特色的民情申诉制度设计和国家治理机制安排。间断均衡理论视角下，信访制度在70多年间衍生的若干次间断性变迁，通过政策目标、政策工具和政策精确设置的变化得以体现，重大社会变革、关键政策调整、社会焦点事件等也成为触发强制性变迁与诱致性变迁的动力因素。先后经历若干次间断均衡变迁的信访制度，由于政策图景与政策场域的相互作用而呈现长期均衡与短期间断的均衡式封闭状态。间断与均衡交叠式的变迁轨迹构成了新中国成立以来信访制度非线性变迁的运作逻辑走向，作为中国独具内生性优势的宝贵制度资源，其制度化、法治化和信息化的发展趋势充分彰显着制度优势，将制度优势转化为治理效能次第推进国家治理能力和治理体系现代化，坚定中国特色社会主义制度自信。

关键词： 信访制度　间断均衡　非线性变迁　制度变迁　国家治理

一、问题的提出

当前，世界正处于百年未有之大变局，信访制度以其独具中国特色的内生优势强化了我国的制度自信。信访制度是对信访工作和信访活动所做的系

---

* 基金项目：本文系2022年国家信访局信访理论研究重大项目《健全完善新时代信访工作格局研究》（2022AG0102）、2021年重庆市社会科学规划“阐释党的十九届六中全会精神”项目《统筹发展和安全视阈下防范化解重大社会安全风险研究》（2021YBCS34）、2022年重庆市教委人文社会科学基地重点研究项目《统筹发展和安全视阈下重大市域社会风险治理之道》（22SKJD024）、2021年重庆市渝北区智库建设工作领导小组课题《统筹发展和安全视阈下渝北建成国家安全发展示范城市路径研究》（2021YBZK04）的阶段性成果。

** 邹东升，四川通江人，男，教授，博士，西南政法大学政治与公共管理学院副院长，博士生导师，西南政法大学中国信访与法治中国研究中心主任；

钟雪，贵阳创新驱动发展战略研究院研究助理，助理研究员，大数据工程师。

列制度安排，包括调整信访活动和信访工作的法律法规、规范性文件以及相关的组织体系、制度程序，以实现将人民群众的诉求整合进中国特色的现行政治框架内、提升政府依法行政水平、优化国家治理能力的目标。党的十八大以来，以习近平同志为核心的新一代领导集体高度重视信访制度改革，强调来信来访对于国家治理“为政得失”的“镜鉴”功能。习近平总书记在庆祝人民政协成立70周年大会上强调，对于人民群众的各种意见和批评，要做到闻过则喜、有则改之、无则加勉（习近平，2022）。党的十九届六中全会首次把“坚持和发展新时代‘枫桥经验’，坚持系统治理、依法治理、综合治理、源头治理，完善信访制度，健全社会矛盾纠纷多元预防调处化解综合机制”写入党的重大决议，党的二十大报告也提出了“完善正确处理新形势下人民内部矛盾机制，加强和改进人民信访工作”，彰显了信访制度在中国特色社会主义制度体系新时代党的治国理政方略中不可或缺的重要地位。

通过回顾、梳理与检视新中国成立70多年来关于信访制度变迁的研究文献，发现在政策实施效果方面，学者们普遍认同信访制度突出的政策优势，认同其在制度缝隙中承担国家治理体系低效代价的协调链接作用（刘正强，2016）。既有研究主要呈现历史主义与社会中心论两种不同的研究路径。一方面，信访制度变迁的历史主义研究路径主要表现为，通过历史时间分期，纵向考量其在不同时期的特征和取向，或关注史实梳理（吴超，2009；张宗林，2012），或着眼于信访政治变迁（应星，2004；于建嵘，2005；肖唐镖，2014），或阐释信访制度变迁与社会治理、国家治理转型的关系，对其发展方向进行探讨（吴超，2009；刘正强，2016；赵永红，2019），却较少深究其运行机理与逻辑走向。另一方面，信访制度变迁的社会中心论路径虽对信访制度发展的原因进行了探究，但缺乏宏观性、整体性、系统性的理论研究视角，研究成果具有一定的局限性和片面性，大多数信访研究文献倾向于对某一特定时期的特定事件进行静态描述（冯仕政，2012），或基于既有的政治经济和社会情况否定信访制度存在的合理性和科学性（于建嵘，2005），缺乏从整体性视角下考察信访制度多样性的过程，研究呈现“碎片化”。

总体来看，已有文献较多从局部研究信访制度入手，或宏观白描信访制度的发展现状，或从具体政策分析的视角梳理我国信访制度的发展历程及变化原因，多从单一角度或固定时间对信访制度变迁进行“管中窥豹”，往往缺乏连贯性而略显碎片化，人们难以深刻全面地认知和把握信访制度发展的前因后果和演变逻辑。新中国成立 70 多年来，信访制度在经历废除、削弱和强化等争论后，仍在全国各地不断发展演进，甚至其功能作用已超越建制初衷，具有动态、持续、开放等鲜明特征。因此，全流程检视分析信访制度的生成交替是了解信访制度变迁的关键，系统考察其在特定时空中的演进历程，整合精英决策系统与民主参与子系统关系的全息图景，以探究具有中国特色纠纷解决的信访制度，从而真正明白信访制度究竟通过一种什么样的逻辑转化到另一种逻辑那里去（渠敬东，2007）。

二、间断均衡分析框架：原理阐释与本土借用

间断均衡理论（Punctuated-Equilibrium Theory）融合长期均衡与短期重大间断两种理论视角，对非线性变迁的公共政策具有较强解释力。间断均衡理论是理解公共政策变迁过程和范式转换的重要理论之一，初创时主要用于美国利益集团对重要政策领域的长期支配以及因利益集团斗争失败导致的公共政策变迁。我国由于党和政府秉持公共政策的公共性和公共价值，利益集团不具备强势影响政策变迁的空间，决定了照搬利益集团影响政策变迁的理论基础对于我国政策变迁具有不适应性。习近平总书记在党的十八届五中全会第二次全体会议上的讲话中指出，党除了工人阶级和最广大人民群众的利益，没有自己特殊的利益（习近平，2018），明确要求党内党外皆不能存在各种利益集团。信访制度属于党的政治主张和国家意志的范畴，根本目的是要坚持以人民为中心，实现最广大人民群众的根本利益，而非西方利益集团利益最大化的政策导向。

间断均衡理论将公共政策变迁划分为政策均衡期和政策间断期，政策均衡和政策间断是政策图景与政治制度互动的结果，影响这两种状态来回转换的因素有政策图景、政策场域和政策垄断（弗兰克·鲍姆加特纳、布赖恩·琼斯，2011）。政策图景是理解间断均衡理论的核心概念，指公共政策如何

被人民群众理解和讨论，与政策的价值和信仰有关，在政治合法性内为政策存在提供合法性基础，也从观念层面对政策存在进行辩护（李文钊，2018）。若人民群众用认同和支持的态度对待政策，就属于正面政策图景，反之，则是“负面”政策。政策场域是由精英决策系统与民主参与子系统构成的半封闭式政策议定场所。政策场域的封闭性与支持性的政策图景相关联，当政策图景由正面支持形象转变为负面形象时，人民群众便可能利用负面政策图景影响现有的公共政策与制度安排，促进政策议程建立，从而引发政策变迁。

国内学者通过识别不同政策领域因变化诱因不同所存在的差异性，验证了间断均衡解释框架对我国公共政策分析过程的逻辑自洽具有较好的解释力。例如，中央在调整计划生育基本国策由一孩政策到全面开放二孩政策过程中（风笑天，2014），地方政府的实践创新打开中央与地方联动的通道，使其被纳入政策场域中打破政策垄断（李健、成鸿庚等，2018）。间断均衡理论通过时间序列或变迁分配来描述政策变迁模式（杨冠琼，2009），能够较为清晰地梳理我国公共政策的渐进变革和间断发展过程，为探究信访制度变迁规律提供微观的理论依据。

我国信访制度整体变迁经历的范式转换明显，既有长期均衡，也有间断节点。因此，将间断均衡理论作为分析我国信访制度变迁的工具，主要是借用其对变迁特征的解释。历史制度主义强调公共政策演进中非正式制度的作用，并将制度发展分为路径依赖的平衡期和制度变迁的间断期，关键节点与情景脉络是历史制度主义的重要概念，与间断均衡理论所描述的政策均衡和间断现象及核心概念，共同作为分析信访制度历程嬗变的理论指导。

新中国成立70多年来，伴随着国家决策的科学化、法治化、信息化，信访制度的政策场域发展为自上而下与自下而上相结合的双向互动系统，成为弥合国家治理目标与实际国家治理矛盾冲突的制度安排，并承担化解治理目标与社会现实冲突的功能。国家层面工作重心的变化使信访制度的政策场域不断发展变化，信访制度的不断调试与变革是否能用间断均衡理论来解释？引发信访制度变迁的动力因素是什么？对诸类问题的解答不仅可以重验间断均衡理论在信访制度变迁这一研究范畴的理论适用性和张力，而且也可以探讨信访制度变迁在国家治理现代化中的实践演变过程。

三、新中国成立70多年来信访制度变迁的间断均衡解释

为宏观考察新中国成立70多年来我国信访制度在国家治理现代化背景下的变迁过程，以政策范式为基础，从政策目标、政策工具和政策精确设置三个方面，把信访制度变迁划分为四个阶段，将契合其相关的历史文献和事件进行分析梳理，可以较为清楚地审视其所呈现的间断均衡交叠推进的显著特征。

（一）政策均衡期（1949—1978）："顶层设计"政策图景下的信访制度

信访制度的政治动员阶段，也是其创立和探索阶段，属于政策均衡期，人民群众可通过信访制度直接参与国家政治生活，是对间接民主的有益补充。新中国成立之初，人民群众通过来信来访表示祝贺、拥护与支持的同时，要求政府解决个人困难。

信访机构初创时属于秘书型的事务性机构，主要承担信件收发、接待来访、转达问题的功能，其决策权由中央政府享有，政策场域具有较强的半封闭性，政策议定主体一元化，除精英决策系统以外的政策子系统基本处于较为封闭的状态，地方政府几乎未参与到信访制度的政策场域。1951年，政务院发布了我国首部关于信访工作的规范性文件——《关于处理人民来信和接见人民工作的决定》，要求专门成立机构、配备人员处理人民来信来访，促进信访工作制度化建设，标志着以党和中央政府为主导的"顶层设计"精英决策场域得以形成。"三反""五反"运动之后，为配合"新三反"运动的开展，《人民日报》在1953年发表了数篇直接提及信访工作的评论，[①]中央级的党报社论大篇幅批评某些具体重要事件所形成的政治舆论压力，进一步强化信访制度以"顶层设计"为主的精英决策政策场域。1957年，第

① 以《认真处理人民群众来信，大胆揭发官僚主义罪恶》《压制批评的人是党的死敌》《把处理人民来信工作向前推进一步》为代表。

一次全国信访工作会议的召开和《关于正确处理人民内部矛盾的问题》《国务院关于加强处理人民来信和接待人民来访工作的指示》的发布，更加明确和强调信访制度在国家政治生活中的重要地位。1963年，国务院发布《国家机关处理人民来信和接待人民来访工作条例（草稿）》《中共中央、国务院关于加强人民来信来访工作的通知》，以中共中央为主的精英决策系统通过清晰的政策目标、精确的工具设置、集中的政治权力开展工作。信访制度承担解决历史遗留问题、平反冤假错案的主要任务，信访“入口”的扩大催发新中国成立以来第一次信访高峰，密切联系群众、广纳社情民意、巩固人民政权的政治动员功能得以充分体现。

（二）政策均衡期（1978—1982）：“整顿管理”政策图景下的信访制度

党的十一届三中全会后，国家工作重心由阶级斗争转向经济建设，这一重大政策转向成为信访制度平稳运行的起点，政治动员的“顶层设计”政策图景不再占据核心地位，反而是国家拨乱反正任务完成后进入常规化发展阶段，为信访制度由社会运动型模式向矛盾化解型模式转换提供了可能的政治前提。

由于国家治理任务日益繁重，历史遗留问题层出不穷，科层制暴露了其固有弊端。信访制度所具有的“低成本、低耗能、高回报”等“实惠”特征，与其他“高成本、高耗能、低回报”的权利救济方式形成鲜明对比，成为人民群众寻求有效救济的“最佳选择”，这就导致大量社会问题涌入信访渠道，第二次信访洪峰随之而至。人民群众通过持续上访向政府和信访部门反映问题，以便进入政策场域，达到调整相关补偿政策的目的，信访制度的权利救济功能被强化和实用化。

信访制度逐渐演变为一种常规化的诉怨制度和社会安全阀机制，具有预防民怨积淤爆发的社会宣泄功能。根据科塞的社会安全阀理论，信访制度实则是国家治理中维护社会政治稳定的“社会安全阀”。信访事项反映的经常性重大政策问题（刁杰成，1998）和政策性上访逐年增多，由退伍军人安置、身份认定、优抚标准等政策前后脱节导致的退伍军人问题，因家庭联产承包责任制等政策导致的失地农民问题、农村土地补偿问题，因“右派”摘帽落实政策所引发的子女工龄问题、政治名誉问题以及级别待遇等问题，产生了大量因政策平反、影响民生利益诉求所引发的普遍性“政策性信访”案件，这些体现当时社会现象与社会矛盾的信访问题大量涌入信访关口，成为影响“社会安全阀”的关键。

我国采取的是单一制的国家结构形式，强调中央权威的集中领导，坚持民主集中制的组织原则，推动形成了下级服从上级的政策制定系统，共同决定着我国的政策场域主要遵循自上而下的政策路径。中国的政策场域由中共中央、国务院为主的核心精英决策系统构成，主要通过自上而下的政策路径推进政策制定与执行。精英决策系统确定的政策目标和制度结果影响着政策变迁。改革开放后，尤其是市场经济体制的发展使社会运行机制发生重大变化，精英决策系统在保守性与创新性方面出现分化，更准确地说是一种妥协的平衡，推动政策场域的开放性增强，搅动了以往半封闭式的精英决策政治场域。

精英决策系统在统一的领导体制内通过恢复和发展信访工作机构，细化政策工具设置，对信访制度进行全面整顿管理。信访工作机构和组织完善是中央层面重视信访制度对于社会治理作用的重要表征。1977 年，成立中共中央办公厅信访局；1980 年，中共中央办公厅、全国人大常委会办公厅、国务院办公厅分设接待室，从组织结构层面为信访制度确立合法性基础，并先后发布《关于中央各部门归口分工接待群众来访的暂行办法》《关于防止和纠正对人民群众来信来访进行打击报复问题的通知》，分别从归口分工办理和保障人民权益等方面整顿和管理信访制度，发挥其维护政治稳定和重塑政治合法性的重要作用，标示中央层面基于“高阶制定”的政策图景基本形成，进一步“整顿管理”以达到强化正面政策图景的目的。

（三）政策间断期（1982—2012）：“制度重构”政策图景下的信访制度

1982 年党的十二大召开后，全党工作重心转移到社会主义现代化建设上来，为新形势下信访制度变迁奠定了统一的政治思想基础和社会广泛共识。“八二宪法”以及《当前信访工作的形势和今后的任务》的制定，为信访制度健全完善提供了宪法基础，逐渐勾勒出信访制度法制化、科层化、正规化的“制度重构”政策图景。

政策场域从中共中央和国务院向各级地方政府转变，以地方政府为代表的精英决策主体获得了较大的自主权。国家政治、经济、文化、社会形势的迅速好转与各项政策的逐步落实，农业税改革、户籍制度改革、物价和工资制度改革、国有企业改制、“右派”摘帽、“新三农”等引发的问题逐渐削弱基层干部的权威性话语权。当法律法规的权利话语与公共政策利益分配不相匹配时，信访成为人民群众诉诸要求的渠道，集体访尤其是越级访、进京访明显增多，精英决策系统对信访制度产生刚性依赖，需要转变信访工作方式。1982 年，中共中央办公厅、国务院办公厅向各地各部门转发第三次全国信访工作会议讨论通过的《党政机关信访工作暂行条例（草案）》，为健全信访工作机构提供统一的文件依据。1995 年国务院颁发《信访条例》，首次以行政法规的形式对信访制度作出全国性统一规定，加强对信访人和信访工作人员的规制，标志着信访制度进入法制化发展阶段，实现制度重构与政策工具创新的双重逻辑。这种“制度重构”的政策图景在后续相当长一段时间内被不断贯彻和强化，形成独具特色、奖罚分明的信访制度法制化制度底色。精英决策主体因势利导，通过大量政策工具发展开放性的政策场域，国务院各部委和地方人大等政策制定主体相继颁发与《信访条例》相匹配的法律法规以及规范性文件，政策制定场域表现出明显的上下互动关系。

可以说，信访制度政策工具实现由半封闭型向开放型发展的逻辑变化，是国家治理政策议程设置由自上而下的精英模式向自下而上的民主模式转变的“硬核”表征。信访制度在国家治理体系中处于精英决策系统与民主参与子系统的中间位置，是打破科层制窠臼的产物，在“顶层设计”的政治动员和冲突化解阶段凸显其作为连接官民关系的重要纽带。

改革开放后，中国以经济体制改革为先导，单位制度变迁、城乡二元结构消解和城镇化背景下的中国呈现原子化状态。政治组织体系官僚化加深，治理体系内部的联结变得松散，致使国家主权结构和治理体系关系紧张，收容遣送制度和劳动教养制度等相继被废除，信访制度在社会变迁过程的制度缝隙中仍然承担着社会治理的任务，功能作用不断异化，救济功能进一步扩张。精英决策系统试图通过不断完善政策工具设置，强化信访制度的政治参与功能与合法化功能。哈贝马斯将合法性视为某种政治秩序从价值和事实上被承认。信访制度实际上是精英决策系统强化政策合法性与合理性，获取政策支持的手段，也是人民群众信任国家政府的表现。一方面，信访工作部门加强对信访问题的政策解释。1995 年第四次全国信访工作会议的召开以及国务院《信访条例》的颁布，将精英决策子系统由中央决策层面延伸到地方省级政府决策层面，各省市相继以地方性法规的形式出台地方信访条例，使信访工作部门与各职能部门针对信访反映的政策问题，与人民群众进行具有导向性的协调沟通。另一方面，任何公共政策一旦形成都会产生持续影响力，信访以其较强的示范作用在特定时机会直接或间接地进入政策场域，促成公共政策调整。1982 年通过《党政机关信访工作暂行条例（草案）》健全拨乱反正案件的处理机制，1991 年历经两次修改的《中央各部门归口分工接待群众来访办法》对分级办案的责任主体和分流系统进行更为严格的规范，信访办理规范化。2005 年国务院修订《信访条例》，重新调整信访工作体制机制，将“归口办理”原则改为“属地管理”原则，强调维护信访秩序，对围堵、冲击国家机关等 32 类行为作出禁止性规定。中央政法委发布《涉法涉诉信访案件终结办法》，首次对涉法涉诉信访作出系统规定。2012 年，中央政法委出台《关于处理上访人员的要求规定》《关于完善涉法涉诉信访终结机制的意见》，厘清行政信访在实践工作中的逻辑，固化“制度重构”的法制政策图景，在一定程度上减少了变迁过程中新旧政策交替时期出现的“政策末班车现象”，即以时间为标准对政策执行进行划线，导致人民群众在面对同一政策时，因政策实行时间点的先后区别和相关部门不同的政策解释而不能享受同等的政策待遇时所引发的社会民生问题。

（四）政策均衡期（2013 年至今）：“依法治国”政策图景下的信访制度

党的十八届三中全会首次将推进国家治理体系和治理能力现代化作为全面深化改革的总目标，要求改革信访工作制度，建立网上受理信访制度、涉法涉诉信访依法终结制度。精英决策系统为信访制度的发展指明了道路，信访制度法治化发展是信访工作的基本思维方式和工作方式，体现了精英决策主体对于信访主体界定的转换，即公民意识在信访工作中的觉醒。

党的十八大以来，信息化、智能化、数字化发展逐渐形成新的社会关系形式，将以往隐性的社会关系显性化，原本处于社会关系中心的精英决策主体逐渐成为社会连接的一个节点，人民群众在其中的权利和责任份额增加，话语权和自主权被不断扩大。同时，由于社会主要矛盾转化为人民日益增长的美好生活需要和不平衡不充分的发展之间的矛盾，当权利扩大与矛盾不平衡相碰撞时，新的信访矛盾增加、信访量不断积累等问题越发凸显，如以P2P为代表的民间金融机构频频暴雷和房价定位问题。对此，精英决策主体通过运用政策法规制度和科层体系建设解决新时期面临的新问题，促进信访法治化发展，推进国家治理能力和治理体系现代化。2014年，党的十八届四中全会要求“把信访纳入法治化轨道”，精英决策系统从顶层设计的角度明确信访制度朝法治化的方向发展，强调“依法治国”的政策图景。一是扩大分类处理范围。在将信访分为权利救济类和非权利救济类基础上，将涉法涉诉信访精细划分为诉访两类，从而进行更专业化的分类处理，进一步厘清信访制度的行政逻辑。2017年，国家信访局出台《依法分类处理信访诉求工作规则》，大部分省份出台细化的工作规程并在市县层面推开这项工作，精英决策的政策场域由中共中央、国务院不断扩大到省市县一级。2022年5月1日开始实施的《信访工作条例》（以下简称《条例》）也明确要坚持依法按政策解决问题，将信访纳入法治化轨道。《条例》从坚持法治思维、严格依照法定权限和程序行使权力的角度，对各机关、单位处理信访事项作出全面规范，既明确了统一要求，又兼顾了不同机关、单位的特殊性（李文章，2022）。二是诉访分离改革。2013年国家信访局、国务院法制办牵头中央部委开展依法分类处理信访诉求工作。中共中央办公厅、国务院办公厅印发《关于依法处理涉法涉诉信访问题的意见》，要求将涉及诉讼权利救济的信访事项从普通信访体制中分离出来，更为明确地划分信访体制的条块关系。三是信访通报制度改革。2013年起，以国家信访局为主的精英决策主体决定取消信访排名通报制度，随后扩大至地方各级精英决策主体，推动信访工作重点由减少信访数量，转为依法维护人民群众的信访权利。四是探索网上信访，降低信访制度运行过程中的运行成本、信访人员工作的消耗成本和公共政策的发展成本。2014 年，国家信访局印发《关于推进信访工作信息化建设的意见》，要求促进全国信访工作公开、透明、高效。2015 年，《国务院关于积极推进“互联网 +”行动的指导意见》发布，要求“深入推进网上信访，提高信访工作质量、效率和公信力”。以国家信访局为主的决策主体在推进信访信息公开的过程中，通过阳光信访、网上信访、大数据赋能 ODR 在线纠纷解决平台等畅通网上信访渠道，创新发展新时代“枫桥经验”，提升信访制度的数字治理能力。2022 年实施的《信访工作条例》更是立足我国基本国情，通过进一步理顺体制机制、优化业务流程、强化法治保障，使民情民智更加有效汇集、解决问题更加快捷高效、服务决策更加及时精准，更好地把信访制度优势转化为社会治理效能。

基于信访制度变迁的事实梳理总结出新中国成立 70 多年来信访制度的变迁历程（见表 1），以更加系统、全面、长远地看待信访制度的嬗变历程。信访制度变迁遵循着政治与行政的双重逻辑（夏瑛，2019）。政治逻辑为信访之本，体现精英决策主体的主要精神，要求理顺信访制度的政治参与和权利救济等功能。行政逻辑为信访制度变迁的重要抓手，精英决策主体以政治逻辑为基础厘清信访工作的具体程序和工作范畴，通过调适政策场域明确信访制度的制度边界，使信访制度与其他矛盾纠纷化解制度机制的边界更为清晰和明确。在政策场域中，以党中央、国务院为主导的精英决策系统与以人民群众为代表的民主参与子系统存在着博弈关系，两者关系变化引发政策图景的变化，致使政策发生变革。信访制度的地位从改革开放之初服务于经济建设，到新时期着力化解社会矛盾，以党的全面领导为中心的政策场域始终没有发生改变，各项公共政策的制定执行依然处于党的全面领导之下。尤其是 2022 年发布的《信访工作条例》首次以党内法规的形式明确了信访工作服务党和国家工作大局、维护群众合法权益、化解信访突出问题、促进社会和谐稳定的职责使命，明确提出信访工作要坚守人民情怀，彰显了党的根本宗旨，有力加强了党对信访工作的全面领导。坚持把党的领导贯穿信访工作全过程和各方面，强化政治引领，进一步明确了党领导信访工作的体制机制，完善了信访工作责任体系和保障措施，实现了党对信访工作领导在各个领域的全覆盖。

换言之，宏观政策场域的变化促使核心精英决策系统重新审视政策的合法性。一方面是法律的合法性，信访制度变迁过程逐渐融合刚性的法治思维，注重用法治思维和方式化解矛盾纠纷；另一方面是政策的合法性，人民群众通过信访制度越来越多地参与国家法律和政策的制定执行。信访制度不仅为人民群众所接受，对行政决策和公共政策产生影响，成为反映国家治理现状的特质数据、反馈机制和隐性推力，还是分析研判社会风险的重要窗口（张宗林、王凯，2019）。

表 1　新中国成立 70 多年来信访制度的历史变迁①

阶段	政策图景	阶段特征	A 党的政策 B 信访政策 C 重大会议	代表性政策与重要事件
第一阶段（1949—1978）	顶层设计	政治动员	A.《关于处理人民来信和接见人民工作的决定》 B.《关于处理群众来信情况的报告》 《国家机关处理人民来信和接待人民来访工作条例（草稿）》 《人民来信来访工作的基本经验（草稿）》 C. 第二次全国信访工作会议	社会主义三大改造 反右运动 整风运动 户籍制度改革 企业改制 家庭联产承包责任制

① 资料来源与说明：（1）表格为作者自制，资料主要来源于国家信访局网站、中国人大网和北大法宝，访问时间截至 2022 年 8 月 18 日；（2）对相同主题的政策文件与显著性事件，表内一般仅列其最早出现的时间。

（续表）

阶段	政策图景	阶段特征	A 党的政策 B 信访政策 C 重大会议	代表性政策与重要事件
第二阶段（1978—1982）	整顿管理	拨乱反正	A.《关于防止和纠正对人民群众来信来访进行打击报复问题的通知》 B.《关于中央各机关接待和处理人民来访分工的暂行规定（草案）》 《关于中央各部门归口分工接待群众来访的暂行办法》 C. 党的十一届三中全会 党的十二大 第三次全国信访工作会议	计划生育基本国策 物价和工资制度改革 养老制度改革 “右派”摘帽 “八二宪法”
第三阶段（1982—2012）	制度重构	团结安定	A.《关于进一步加强新时期信访工作的意见》 B.《党政机关信访工作暂行条例（草案）》《信访条例》《关于违反信访工作纪律处分暂行规定》《中华人民共和国治安管理处罚法》 C. 党的十三届六中全会 党的十六届四中、五中、六中全会 第四、五、六次全国信访工作会议 党的十六大 党的十七大	计划生育政策改革 农村税费改革 信访终结制度
第四阶段（2013 年至今）	依法治国	发展完善	A.《信访工作条例》 《中共中央关于全面推进依法治国若干重大问题的决定》	全面“二孩”政策 户籍制度改革 退役军人事务部成立 信访分类制度 涉法涉诉制度 依法打击违法信访活动

（续表）

阶段	政策图景	阶段特征	A 党的政策 B 信访政策 C 重大会议	代表性政策与重要事件
第四阶段（2013 年至今）	依法治国	发展完善	B.《关于依法处理涉法涉诉信访问题的意见》 《关于推进信访工作信息化建设的意见》 《最高人民法院、最高人民检察院、公安部关于依法处理信访活动中违法犯罪行为的指导意见》 C. 党的十八大，十八届三中、四中全会 第七、八次全国信访工作会议 党的十九大，十九届四中、五中、六中全会 2019 年全国信访局长会议 2020 年全国信访局长会议 2021 年全国信访局长会议 党的二十大（全面建设社会主义现代化国家新征程）	

新中国成立以来，我国信访制度变迁在确保发展、稳中求变的基本原则下，以党和中央政府的政策标向为逻辑起点，大体遵循积极稳妥、渐进改革的发展路径。虽然信访制度变迁过程会有一些突破变化和创新性举措，但未发生整体性、系统性突变和巨变，主要以局部调适的方法推动着信访制度稳健变迁。换言之，总体稳定和非线性是我国信访制度变迁的间断均衡特征，真正推动信访制度变迁的动力不是信访工作本身，而是整个社会经济文化的发展背景，政策目标、政策工具和政策精确设置的变化是信访制度变迁的内在动力。信访制度也从以往局部离散的片面改革发展为系统协同的全面改革，变迁过程的非线性和偶然性发展为关键变量，起着触动信访制度变迁的政策扳机作用，对加强系统治理、依法治理、综合治理、源头治理，发挥综合效应具有积极意义。

四、新中国成立70多年来信访制度变迁的政策扳机

安德森将政策问题的觉察机制分为内外“扳机触发器”，内部触发器有自然灾害、意外人为事件、科技进步结果、资源分配后果和生态变迁五种情形（安德森，1990），这些都是促使精英决策子系统将信访所反映的社会问题纳入政策议程的重要因素。信访制度变迁过程的非线性、复杂性和多元性使制度本身充满了模糊性，信访制度间断均衡式变迁究竟是如何发生和怎样演进的？通过考察影响信访制度间断均衡变迁的政策扳机，发现政策场域变化是信访制度变迁的前提和基础，而重大社会变革、关键政策调整、社会焦点事件则是催生信访制度政策场域变化的重要因素。社会问题要引起精英决策系统的重视，需要启动触发机制将常态问题转化为紧迫问题，将民间议程转化为政府议程，形成要求精英决策系统改变现状的政治压力和统一意志，谨防“灰犀牛”“黑天鹅”公共风险事件，防止小问题拖成系统问题，提高防范化解重大风险的能力，及时把矛盾化解在基层、化解在萌芽状态。

（一）重大社会变革

重大社会变革意味着要调适既定的政策目标、打破旧有的政治合法性基础，而新的合法性基础构建需要一个过程。在传统基础已被打破、新的基础尚不牢固的过渡阶段，政治制度和社会秩序因精英决策系统的权威性不足极易产生社会矛盾，越是利益格局变革时期，就越易产生冲突矛盾，信访活动也就越为频繁。间断均衡理论框架把宏观政治变革视为间断政治变革，国家层面的精英决策系统对政策变迁起主导作用，也是使参与信访制度变迁的利益群体和出现的多样化社会阶层，能够在共同的政治思想指导下形成正面政策图景的基本共识与认同。从邓小平南方谈话精神到建立社会主义市场经济体制的中央决议，党的十八届三中全会强调“使市场在资源配置中起决定性作用”，党的十八届四中全会通过全面推进依法治国若干重大问题的决定，党的十九届四中全会强调“坚持和完善社会主义基本经济制度”“发挥国家制度和国家治理体系的显著优势”，党的十九届五中全会要求贯

彻落实新发展理念，强化风险意识，精准分析我国社会主要矛盾变化和错综复杂的国际国内环境对信访工作带来的新挑战，再到党的十九届六中全会，要求必须坚持党的领导、人民当家作主、依法治国有机统一，都是中央层面引领激发政策变迁的重要例证。

（二）关键政策调整

关键政策调整是精英决策系统依据政策反馈的信息，对政策内容和形式进行部分调整或全部改变的过程。关键政策调整并不必然引起信访制度变迁。信访制度的形成和发展有其相对稳固的理念支撑和结构框架，本身就具备对外抵抗的压力和对内调整的能力，这是其长期保持渐进平衡的重要原因。我国“摸着石头过河”的经济发展模式属于渐进式改革范畴，以中共中央、国务院为主的精英决策系统关注到某一社会问题后，将其发展为政策议题进行政策调整，比如，土地“三权分置”、混合所有制改革等关键政策调整，直接影响国家与社会、政府与人民、公共利益与个人利益之间的关系，极易引发政策性信访问题，演变为触发制度变迁的政策扳机。在这种精英决策主体驱动发展的模式下，政策议程主要是承担政治动员角色，精英决策系统以外的行动者因信息的不对称等缺少实质性影响。

经济政策调整不当或操之过急是极易产生社会矛盾的关键政策因素，在所有政策类型中最为基础和重要，与人民群众的个人利益关联密切，尤其是在经济体制改革、经济政策调整和完善滞后于社会经济发展的时期，经济转型和改革深化了民主参与子系统的从众心态、仇官心态和逐利心态（邹东升、陈思诗，2019）。以住房政策为例，随着经济发展逐步转型，住房市场化的不断深入，部分人民群众的基本住房权利无法得到基本保障，住房理念由“住房”向“炒房”的微妙变化，使住房政策基本保障的属性被不断边缘化，住房结构性矛盾突出。党的十八大以来，中央层面在坚持“房子是用来住的，不是用来炒的”政策图景基础上，为解决人民群众最关心、最直接、最现实的住房利益问题，先后印发《关于减免部分行政事业性收费有关政策的通知》《关于个人取得有关收入适用个人所得税应税所得项目的公告》《关于开展中央财政支持住房租赁市场发展试点的通知》，改革完善贷款市场报价利率形成机制（LPR），减少因住房政策问题引发的社会矛盾纠纷。人民群众通过信访制度打开住房政策的“政策之窗”，有机会促使精英决策系统调整经济政策、改变政策议程、实现经济资源的再分配，进一步引致住房政策变迁，体现新时期信访制度发扬社会民主、参谋决策助手、维护群众权益和促进社会和谐等功能。

（三）社会焦点事件

社会焦点事件引发的自下而上的诱致性制度变迁，改变了以往自上而下强制性变迁的路径依赖，来自人民群众切身利益的政策诉求倒逼政策场域开放，形塑了独具中国政治特色的政策语境。在恒定的资源和时间维度内，以中共中央、国务院为主导的精英决策主体，因社会焦点事件的突发性、紧迫性和社会性，促使某类信访问题被作为“政治风险源”，极易突破精英决策系统的注意力“瓶颈”打开政策场所，最终成为引发政策变迁的触发器。在信访制度发展的第三和第四个阶段，“孙志刚事件”、“非典事件”和“重庆医改事件”等具有较强舆论性和政治性的社会焦点事件，打破了精英决策系统的注意力“瓶颈”。以“重庆医改事件”为例，其医疗服务定价问题迅速成为社会焦点事件，对精英决策系统构成压力（廖秀健、刘白，2016）。尽管患者诊治费用“总体平衡”，但对于需要终身治疗的尿毒症患者这一特定政策利益群体的政策诉求得以进入政策场域，倒逼精英决策系统作出调整或者改变。特别是在新媒体“四微一端”（微信、微博、微视频、微电影和手机终端）等数字技术的助推下，人民群众参与政策议程的渠道和方式发生重大变化，网民意见更易形成互联网舆论场域，使得民间舆论场域对官方舆论场域影响重大，极大地扩大了民主参与子系统加入政策议定场所的可能性和便捷性，给传统的治理理念、模式和实践带来巨大的挑战，信访制度也在向信息化、数字化方向发展。

基于以上研究，在修正后的间断均衡框架分析基础上，总结出信访制度的内在演进逻辑（如图1所示），以对间断均衡理论进行本土化的靶向修正，重验信访制度的变迁过程。重大社会变革、关键政策调整、社会焦点事件等政策扳机的综合作用使政策场域发生变化，形成自上而下的强制性变迁或自下而上的诱致性变迁。但它们发挥的作用不同，重大社会变革和关键政策调整主要发挥正反馈作用，通过政策目标的调整，强化正面政策图景，促进政策变迁发生。社会焦点事件一般是通过民主参与子系统的正负作用，引发自下而上的诱致性变迁。以党和中央政府为主导的精英决策系统对信访制度的态度变化，在一定程度上是改变政策目标和政策议程设置的决定性力量，使信访事项反映的政策问题得以重新界定、政策议程得以启动、政策图景发生变化，从而形成政策间断。

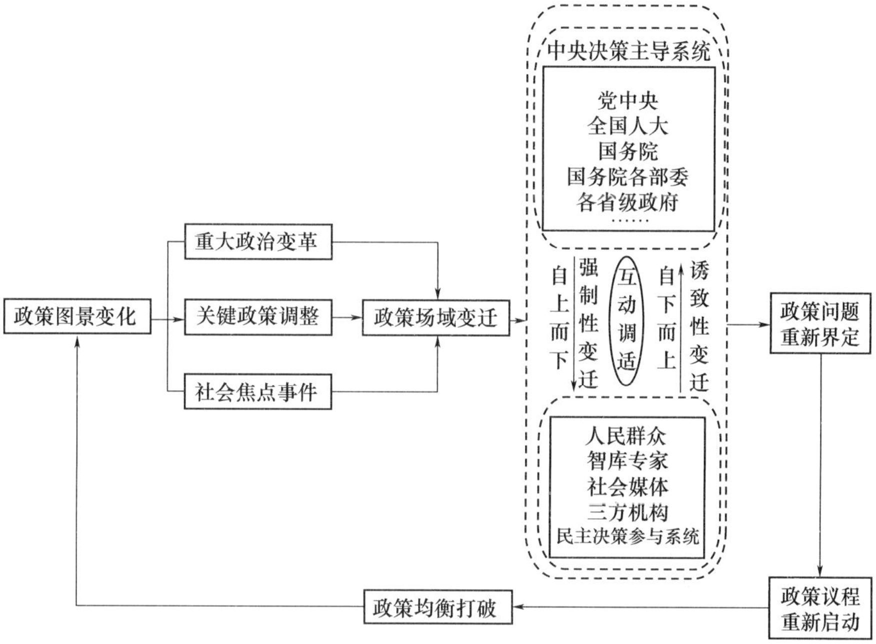

图1　信访制度变迁间断均衡理论分析的修正性框架

五、结论

通过梳理新中国成立70多年来我国信访制度的历史沿革，基于公共政策学、历史制度学的间断均衡理论解释框架，结合政策调整理论、渐进主义理论和政策扳机理论，同时密切关注中国信访制度的变迁以及信访工作和信访实践创新，对经典的间断均衡理论框架进行本土适用与框架修正，研究初步得出以下结论。

第一，中央层面的政治意志转移和工作重心转变在信访制度变迁中处于关键地位。信访制度变迁过程中，一旦高层精英决策系统对信访制度的功能定位发生变化，往往意味着政策议程的形成从而引发制度变迁。尽管其确立在新中国成立初期，完善于改革开放初期，发展于新时代背景的当下，但其连接人民群众、反馈政策效果、表达社会声音的功能却一以贯之，遵循着“建立制度框架—完善制度体系—调整治理关系—标定法治导向”的路径依赖，在推进国家治理体系和治理能力现代化中发挥“改革—发展—稳定”的作用。信访制度建立初期，其作为政治动员的工具，处于行政体系中的边缘地带。随着社会矛盾愈发激烈，人民群众的诉求能否得到有效解决直接关乎公共政策的有效实现，信访发展为解决人民内部矛盾的重要制度发明，进入政府工作的中心位置，成为影响推进国家治理体系和治理能力现代化的重要因素。在制度实践遭遇“瓶颈”、政策执行面临障碍时，精英决策系统意识到其对于社会稳定和社会秩序的潜在不良影响，以联合指导意见的形式推动信访制度变迁。因此，政策目标的转向引发政策工具和政策设置的转换，背后起根本作用的是中央层面基于工作重心考量的“默认与许可”。虽然信访制度在精英决策系统和民主参与系统之间的博弈中或均衡或间断变迁，但中央层面仍然把握着信访制度变迁的根本命脉。

第二，信访制度以人民为中心的宗旨导向与人民群众提出建议、保障权益出发点的“你来我往”，正是这一隐含在党同人民关系背后政策目标调整和人民权利意识觉醒的微妙变化所引发的政策工具和政策场域转换，成为推动信访制度呈非线性、间断性、渐进式发展的重要因素。在人民群众的强烈需求下，社会焦点事件促使精英决策主体不得不在相关公共政策问题上“开口子”，人民群众获得参与政策变迁的更大空间。当人民群众将“口子”撕得过大甚至影响秩序和制度时，精英决策主体收紧“口子”，如关于认罪认罚从宽的刑事政策以达到各项政策之间的平衡调适。

第三，信访制度是平衡公共利益与人民群众私人利益，具有中国特色的制度安排，其变迁与公共政策之间呈现“公益”与“私益”的矛盾统一辩证关系。公共政策具有公共性，以党和政府为主的精英决策主体通过民主参与、社会自治等民主治理方式，融合德治、自治、法治实现维护人民群众的个人利益，以强化精英决策主体政治权力的权威和公共政策合法性为基础，遵循着信访制度变迁的政治逻辑。人民群众的信访行为或维权行为的内在动机是追求实现“私利”目标，这种行为也有维护公共利益的作用，信访人通过信访渠道发挥其政治参与、民主监督、表达诉求等功能。同时也体现为精英主体使信访制度的政治逻辑与行政逻辑相统一的辩证思维，以制度为载体将信访人的“私益”与社会的“公益”体现的矛盾性，转化为推进国家治理体系和治理能力现代化这一具有公共利益目标的同一性。

第四，信访制度是党的精英决策主体精心培育的制度设计，具有中国本土特色的内生优势，为推进国家治理体系和治理能力现代化筑牢坚实根基。信访制度政策场域由半封闭式向开放式发展的过程，是中央层面通过信访制度将不同的政策参与主体和社会问题主动吸纳进政策议程的过程，是制度变迁契合国家治理现代化的重要因素，也是发挥国家治理效能的重要窗口。信访制度在改革变迁中不断彰显治理效能和制度优势，成为一种内生性制度优势的制度资源，有助于树立制度自信，占领制度制高点。

尽管笔者试图以新中国成立 70 多年来信访制度的变迁过程为个案验证间断均衡理论的有效性，并尝试对该理论框架进行本土性的靶向修正，但仍然存在以下问题：一方面，文章的修正框架未将中西公共政策的制定和执行路径进行详细对比，选择信访制度变迁过程存在一定的“典型性”，这种特殊事件的典型性是否有可能遮蔽不同制度作用的差异性，修正框架是否能提升中国情境下间断平衡理论的解释力仍需验证。另一方面，在推进国家治理体系和治理能力现代化的背景下，信访制度政策场域的开放性不断扩大，在一定时期内维持了信访制度的均衡性和稳定性，由重大社会变革、关键政策调整、社会焦点事件引发的间断性政策变迁尚有待进一步探讨。

参考文献：

习近平，2018，《习近平谈治国理政（第一卷）》，外文出版社。

习近平，2022，《在中央政协工作会议暨庆祝中国人民政治协商会议成立70

周年大会上的讲话》,《求是》第 6 期。
刁杰成,1998,《周恩来与“文革”中的信访工作》,《当代中国史研究》第 2 期。
冯仕政,2012,《国家政权建设与新中国信访制度的形成及演变》,《社会学研究》第 4 期。
风笑天,2014,《“单独二孩”:生育政策调整的社会影响前瞻》,《国家行政学院学报》第 5 期。
刘正强,2016,《“总体性治理”与国家“访”务——以信访制度变迁为中心的考察》,《社会科学》第 6 期。
李文钊,2018,《间断—均衡理论:探究政策过程中的稳定与变迁逻辑》,《上海行政学院学报》第 2 期。
李文章,2022,《开创新时代信访工作高质量发展新局面》,《求是》第 9 期。
李健、成鸿庚、贾孟媛,2018,《间断均衡视角下的政社关系变迁:基于 1950—2017 年我国社会组织政策考察》,《中国行政管理》第 12 期。
廖秀健、刘白,2016,《重大决策社会稳定风险评估的困境及其规制——以重庆“短命医改”为例》,《中国行政管理》第 1 期。
渠敬东,2007,《坚持结构分析和机制分析相结合的学科视角,处理现代中国社会转型中的大问题》,《社会学研究》第 2 期。
吴超,2009,《新中国六十年信访制度的历史考察》,《中共党史研究》第 11 期。
王学军,2008,《学习贯彻〈中共中央国务院关于进一步加强新时期信访工作的意见〉百题解读》,人民出版社。
肖唐镖,2014,《信访政治的变迁及其改革》,《经济社会体制比较》第 1 期。
夏瑛,2019,《信访制度的双重逻辑与“非行政信访”——以 A 市重复集体访为例(2010—2014 年)》,《政治学研究》第 4 期。
杨冠琼,2009,《公共政策学》,北京师范大学出版社。

于建嵘，2005，《中国信访制度批判》，《中国改革》第2期。
应星，2004，《作为特殊行政救济的信访救济》，《法学研究》第3期。
邹东升、陈思诗，2019，《违法信访的社会心态解析与情理法融合治理》，《行政论坛》第4期。
赵永红，2019，《国家治理中的信访治理：演变、矛盾与发展》，《行政论坛》第4期。
张宗林，2012，《中国信访史研究》，中国民主法制出版社。
张宗林、王凯，2019，《国家治理视野下信访制度特性和功能的再审视》，《行政论坛》第4期。
［美］弗兰克·鲍姆加特纳、布赖恩·琼斯，2011，《美国政治中的议程与不稳定性》，曹堂哲、文雅译，北京大学出版社。
［美］詹姆斯·E. 安德森，1990，《公共决策》，唐亮译，华夏出版社。

Changes in The System of Petitons in the Past 70 Years since The Founding of China

Zou Dongsheng　Zhong Xue

Abstract: The petition system is a design of a public complaint system and a state governance mechanism arrangement that is unique to Chinese socialism. From the perspective of discontinuous equilibrium theory, the petition system has undergone several discontinuous changes in the past 70 years, which is reflected by changes in policy goals, policy tools, and precise settings of policies. Major social changes, key policy adjustments, and social focus events have also become Motive Factors Triggering Forced Change and Induced Change. The petition system, which has undergone several intermittent equilibrium changes. It has shown a long-term equilibrium and a short-term equilibrium state due to the interaction of the policy landscape and the policy field. The discontinuous and balanced overlapping trajectory constitutes the operating logic of the non-linear changes in the petition system since the founding of the People's Republic of China. As a valuable institutional resource with China's unique endogenous advantages, its institutionalization, rule of law and informatization have fully developed. Highlighting the advantages of the system, transforming the advantages of the system into governance effectiveness fully reflects the self-confidence of the system, and promotes the modernization of the country's governance capacity and governance system.

Keywords: Petition System, Punctuated Equilibrium, Nonlinear Change, Institutional Change, National Governance

“一体两翼”：新时代基层社会矛盾化解的基本理路

□ 王湘军*

摘要： 基层社会矛盾化解机制的完善度与有效性是衡量基层治理体系与治理能力现代化水平的重要维度。新时代基层社会矛盾化解中，应将坚持“以人民为中心”作为锚点与本体，以有解思维与系统思维作为理念之翼，以情法结合与专智并举作为行动之翼，维护和增进最广大人民的合法权益。

关键词： 基层社会矛盾　有解思维　系统思维　情法结合　专智并举

基层治理是国家治理的基石。在党的十九届四中全会作出《中共中央关于坚持和完善中国特色社会主义制度、推进国家治理体系和治理能力现代化若干重大问题的决定》（以下简称《决定》）后，中央又于2021年4月专门出台了《中共中央、国务院关于加强基层治理体系和治理能力现代化建设的意见》，提出力争用15年时间基本实现基层治理体系和治理能力现代化。基层治理现代化是一项头绪繁多的系统工程，在对其进行评测的诸多指标中，基层社会矛盾化解机制的完善度与有效性无疑是重中之重。党的十八大以来，既富含智慧又饱蕴温度的基层社会矛盾化解创新之举频现，基层社会矛盾化解“一体两翼”的基本理路清晰呈现。

一、坚持以人民为中心是基层社会矛盾化解之锚点与本体

“以人民为中心”是习近平新时代中国特色社会主义思想的价值灵魂和

* 王湘军，中国政法大学政治与公共管理学院党委副书记兼纪委书记、教授、博士生导师。

根本立场，体现了马克思主义的根本价值追求和中国特色社会主义的价值理性（董振华，2017）。从底层逻辑来看，坚持“以人民为中心”是由我国的政权性质和政府本质所决定的（赵中源，2020）。我国是党领导下的社会主义国家，其本质是“人民当家作主”。我国现行宪法在总纲部分就明确规定“中华人民共和国的一切权力属于人民”。这一规定从根本上决定了“以人民为中心”是中国特色社会主义制度的核心理念（丁兆梅、史家亮，2019），亦是中国特色社会主义制度体现其属性的本质要求和根本特征。同时，这一政权性质也决定了我国政府的本质是为人民服务的政府，是“中国共产党领导的、代表和体现中国最广大人民根本利益要求的人民政府”（张铃枣，2008）。这意味着，党和政府所做的任何事情都应以“为人民服务”为出发点和归属（竺乾威，2019）。正因为此，党的十八大以来，习近平总书记和党中央一再强调必须坚持“以人民为中心”。党的十八届三中全会提出全面深化改革要“以促进社会公平正义、增进人民福祉为出发点和落脚点”；党的十九大报告将“坚持以人民为中心”作为新时代坚持和发展中国特色社会主义的基本方略之一；党的十九届四中全会则将坚持“以人民为中心”的发展思想列为我国国家制度和国家治理体系具有的显著优势之一。

“以人民为中心”在基层治理中处于价值引领的宏观的高阶层面（翟校义，2021），有效化解基层社会矛盾作为党和政府推进基层治理体系和治理能力现代化的重要一维，必须坚持“以人民为中心”这一基本锚向，心系人民，行为人民。在基层社会矛盾化解价值目标的设定、体制机制的设计、措施手段的择取、程序制度的安排等各个方面都坚持和尊重人民群众的主体地位，坚持人民立场，真情为民解忧纾困，以服从并服务于“实现好、维护好、发展好最广大人民的根本利益”为逻辑起点和旨归。一言以蔽之，必须将坚持“以人民为中心”作为新时代基层社会矛盾化解之锚点与本体。

二、有解思维与系统思维是基层社会矛盾化解的理念之翼

从词义而言，有解是谓有解决的办法、有化解的途径。有解思维亦即遇到问题时秉持有解推定，从正面积极寻求解决问题的办法。基层社会矛盾化

解实务中坚持有解思维就是要直面各式各样、纷繁复杂的社会矛盾，清楚矛盾久拖不解将造成人力物力财力成本、社会稳定成本以及党和政府的声誉成本的极大消耗，应穷尽一切方式和手段推动矛盾纠纷的尽早解决。

改革开放肇始，经济社会高速转型的大幕在我国拉开，经济社会结构发生翻天覆地的变化，社会主义市场经济体制逐步确立，大一统的利益格局被多元利益架构所取代。党的十八大以来，改革与发展迈入深水区和关键期，社会主要矛盾转化为人民日益增长的美好生活需要和不平衡不充分的发展之间的矛盾。在新时代，新的经济社会环境和技术背景下，基层社会矛盾亦会呈现各种新形态，形成新态势。此外，历时四十余年累积起来、被高速发展所掩盖的一些问题有可能显性化，成为基层社会治理中的“硬骨头”。面对这些问题，会有两种截然不同的应对：一种是头脑中充斥“没有解决的先例”“此事无解”的意识，行动上无斗志、消极退缩；另一种是迎难而上，敢于涉险滩，勇于冲破思想观念的束缚、突破利益固化的藩篱，勇于破题。后者展现的“向前一步，海阔天空”“总得解决不如早点解决”的担当精神和成本意识，支撑其的正是“有解思维”。

如果说有解思维重在勇于破题，那么系统思维则是指向科学解题。系统思维是运用系统概念认知事物、解决问题的一种思维方式。在方法论上，其体现了唯物辩证法关于事物普遍联系的观点（刘卫平，2006）。正如马克思、恩格斯所言，当我们通过思维来考察自然界或人类历史或我们自己的精神活动的时候，首先呈现在我们眼前的，是一幅由种种联系和相互作用无穷无尽地交织起来的画面（中共中央马克思恩格斯列宁斯大林著作编译局，2009）。系统思维是习近平总书记治国理政的重要思维方式。早在2004年12月参加嘉兴市委常委会民主生活会时，他就明确指出，统筹兼顾是中国共产党的一个科学方法论，它的哲学内涵就是马克思主义辩证法（党建网，2016）。党的十八大以来，他在诸多场合强调要注重运用系统思维方法全面深化改革，推进国家治理体系和治理能力现代化。基于这一方法论，党的十八大以来党的重要文件和党的十九大修订的《中国共产党章程》都强调必须注重系统思维。

为科学、有效化解基层社会矛盾，运用系统思维，需要做好三方面统筹：一是统筹外部资源。譬如，在党的统一领导下，充分发挥社会组织、乡村贤达、“五老人员”等社会力量在基层社会矛盾调解中的作用；又如，北京市海淀区政府除了设立“社会矛盾调解基金”，还通过“公共管理综合保险”化解公共管理中无法找到责任方的各类意外事件造成的矛盾。二是统筹正式与非正式平台。除诉讼、仲裁、行政复议、信访等社会矛盾化解的正式平台之外，充分发挥类似于重庆永川“乡贤评理堂”、浙江海宁“信访评议团”、山东“港湾大妈服务队”、北京朝阳“殷金凤工作室”、浙江安吉“巧妈调解室”等非正式平台的作用。三是统筹矛盾纠纷化解与源头预防。社会矛盾化解在本质上内含一大功能，即通过剖析矛盾的内核、生成机理，反馈出现行法律法规与制度、政策制定与评估机制、民意汇集与反馈机制、权力运行与监督制约机制等方方面面存在的缺陷与纰漏。矛盾化解端应从被动式的“售后部门”“维修部门”，变成同时也是决策咨询部门，直接连通前端，为前端不断输送在源头预防矛盾发生的金点子、好建议，以“治病于未病”。

三、情法结合与专智并举是基层社会矛盾化解的行动之翼

法学家庞德曾言：今日，法律秩序成为一种最重要的、最有效的社会控制形式，其他所有的社会控制方式，都从属于法律方式，并在后者的审察之下运作（罗斯科·庞德，2003）。诚如其言，遵从法治、依法办事是现代民主国家与政府的普遍要求。自从 1997 年党的十五大提出“依法治国，建设社会主义法治国家”的宏伟目标和 1999 年九届全国人大二次会议通过宪法修正案，进一步将其载入宪法以来，法治理念在我国生根发芽、开枝散叶。党的十八大报告指出法治是“治国理政的基本方式”；党的十八届四中全会专门研究法治建设并通过了《中共中央关于全面推进依法治国若干重大问题的决定》，提出要全面推进依法治国，坚持法治国家、法治政府、法治社会一体建设；党的十九届四中全会《决定》则将“坚持全面依法治国，建设社会主义法治国家”提炼为我国国家制度和国家治理体系的十三个显著优势之一。习近平总书记更是强调，“要更加注重发挥法治在国家治理和社会管理中的重要作用”，各级领导干部要提高运用法治思维和法治方式的能力

（习近平，2012）。因此，基层社会矛盾的化解，应依法而为，行进于法治的轨道上。

但依法不能机械适用法律条文，而应以用情相佐。实质上，法律本身就不外乎人情。南宋名臣、著名理学家真德秀曾指出："夫法令之必本人情，犹政事之必因风俗也。为政而不因风俗，不足言善政；为法而不本人情，不可谓良法。"（牟治伟，2021）加之我国社会内核上是以人情为底色的社会，社会治理尤其是基层社会治理，情感是不应被忽视的重要因素。在基层社会矛盾处理中，既应"上不违于法意"，又应"下不拂于人情"，倾心用情，关注矛盾当事方的心理变化和情绪反应，建立情绪疏导、宣泄渠道，及时回应个体情绪抚慰的需要（何雪松，2016），发挥情感治理的作用，达致"事心双解"的目的。基层社会矛盾化解实践中，心理工作者、"老娘舅"及"和事佬"等人员的参与，矛盾调解场所符合心理学基本原理的合适环境、氛围的打造，"心理介入法"等方法的使用等，都是情感因素的积极运用。

如果说情法结合是基层社会矛盾化解行动之翼的一维，专智并举则是其另外一维。专即专业化。一般而言，让专业的人做专业的事，效率相对更高。不少基层社会矛盾尤其是一些疑难积案，具有较强的专业性，这些矛盾的处理应强化专业化。针对基层社会中的拆迁补偿纠纷、医患纠纷、交通事故纠纷、劳动纠纷、金融纠纷、物业纠纷等矛盾纠纷，成立从村（社区）到乡镇（街道）到县（区）的三级矛盾调解中心，让基层矛盾调处系统现有工作人员接受法律知识、心理知识、沟通技巧与话术等方面知识与技能的全面培训，聘请退休的法官、检察官、律师、仲裁员以及相关行业主管部门、高等院校和研究机构的专家等专业人员担任特邀调解员，或者聘请律师、心理咨询师等担任专职调解员，都是基层社会矛盾化解走向专业化的可行途径。智乃智能化。随着互联网技术和信息技术的狂飙突进，大数据、人工智能、区块链、物联网等现代新技术已经或浅或深地嵌入经济社会的各个层面，对原有组织形态、决策模式、行为方式、沟通形式等构成颠覆性冲击，并成为时代发展的大趋势。在此潮流下，基层社会矛盾化解领域不能自筑城堡，而应顺势而动，推进智能化。北京石景山"石时解纷"App、浙江舟山普陀区“ODR 在线解纷”等举措就是基层社会矛盾化解智能化的有益尝试。

参考文献：

习近平，2012，《在首都各界纪念现行宪法公布施行 30 周年大会上的讲话》，新华网，12 月 4 日。
董振华，2017，《“以人民为中心”的理论逻辑和政治价值》，《中共中央党校学报》第 6 期。
赵中源，2020，《以人民为中心：中国道路的价值坐标》，《求索》第 1 期。
丁兆梅、史家亮，2019，《中国特色社会主义制度认同的三维审视》，《理论学刊》第 5 期。
张铃枣，2008，《服务型政府对马克思主义人民政府本质思想的新发展》，《科学社会主义》第 5 期。
竺乾威，2019，《服务型政府：从职能回归本质》，《行政论坛》第 5 期。
翟校义，2021，《“以人民为中心”引领基层治理》，《人民论坛·学术前沿》第 18 期。
刘卫平，2006，《系统思维：构建和谐社会的思维范式》，《湖南大学学报(社会科学版)》第 2 期。
《马克思恩格斯文集》(第三卷)，2009，人民出版社。
《习近平的统筹方法》，2016，党建网，11 月 23 日。
[美] 罗斯科·庞德，2003，《法律与道德》，陈林林译，中国政法大学出版社。
牟治伟，2021，《为什么说法律不外乎人情》，《人民法院报》5 月 14 日。
何雪松，2016，《情感治理：新媒体时代的重要治理维度》，《探索与争鸣》第 11 期。

"One Body with Two Wings": The Basic Principles of Resolving Contradictions in Grassroots Society in the New Era

Wang Xiangjun

Abstract: The perfection and effectiveness of the grassroots social conflict resolution mechanism is an important dimension to measure the modernization level of the grassroots governance system and governance capacity. In the resolution of social contradictions at the grassroots level in the new era, we should adhere to the "people-centered" approach as the anchor and noumenon, take solvable and systematic thinking as the wings of ideas, and take the combination of emotion and law and expertise as the wings of action, so as to safeguard and enhance the legitimate rights and interests of the overwhelming majority of the people.

Keywords: Social Contradictions at The Grass-roots Level, Solvable Thinking, Systematic Thinking, Combination of Emotion and Law, Combination of Expertise and Wisdom

诉源治理：中国国家治理的重要形式

□ 张真理*

摘要：诉源治理是我国国家治理的重要形式，其完善与发展必然要以完善和发展中国特色社会主义制度为路径，进而实现推进国家治理体系和治理能力现代化的总体目标。诉源治理是我国国家治理发展的必然结果，充分彰显了中国国家治理的建构逻辑。诉源治理对推进中国国家治理现代化具有推动自我革新、提升效能的独特价值。

关键词：国家治理　诉源治理　现代化

我国全面深化改革的总目标是完善和发展中国特色社会主义制度，推进国家治理体系和治理能力现代化，这是中国特色社会主义现代化道路在国家治理方面的基本体现和总体要求。诉源治理是我国国家治理的重要形式，其完善与发展必然要以完善和发展中国特色社会主义制度为路径，进而实现推进国家治理体系和治理能力现代化的总体目标。

一、诉源治理的政策背景

进入21世纪以来，法院受案数量急剧上升，案多人少矛盾日益突出，同时，在中国特色社会主义建设实践中，党和人民对社会矛盾纠纷的性质和规律的认识更为深入，从而将诉源治理作为国家治理的重要形式加以强调，并作出了一系列战略部署。

---

* 张真理，北京市社会科学院法治研究所所长、研究员，研究方向为中国法治理论与实践。

《中共中央关于全面推进依法治国若干重大问题的决定》中提出以法治维护人民利益的基本战略：强化法律在维护群众权益、化解社会矛盾中的权威地位，引导和支持人们理性表达诉求、依法维护权益，解决好群众最关心最直接最现实的利益问题，并特别就社会矛盾纠纷预防化解的政策措施进行了部署：健全社会矛盾纠纷预防化解机制，完善调解、仲裁、行政裁决、行政复议、诉讼等有机衔接、相互协调的多元化纠纷解决机制，加强行业性、专业性人民调解组织建设，完善人民调解、行政调解、司法调解联动工作体系，完善仲裁制度，提高仲裁公信力，健全行政裁决制度，强化行政机关解决同行政管理活动密切相关的民事纠纷功能。

习近平总书记就我国社会矛盾纠纷的基本特点和主要规律专门作了阐述：法治建设既要抓末端、治已病，更要抓前端、治未病。我国国情决定了我们不能成为“诉讼大国”。我国有 14 亿人口，大大小小的事都要打官司，那必然不堪重负！要推动更多法治力量向引导和疏导端用力，完善预防性法律制度，坚持和发展新时代“枫桥经验”，完善社会矛盾纠纷多元预防调处化解综合机制，更加重视基层基础工作，充分发挥共建共治共享在基层的作用，推进市域社会治理现代化，促进社会和谐稳定（习近平，2021）。

2021 年 2 月，中央全面深化改革委员会第十八次会议审议通过的《关于加强诉源治理推动矛盾纠纷源头化解的意见》，提出了“坚持和发展新时代‘枫桥经验’，把非诉讼纠纷解决机制挺在前面，推动更多法治力量向引导和疏导端用力，加强矛盾纠纷源头预防、前端化解、关口把控，完善预防性法律制度，从源头上减少诉讼增量”的整体部署，进一步完善了诉源治理的顶层设计。

各个领域也先后采取有效措施贯彻落实党中央关于加强矛盾纠纷源头治理、完善预防性法律制度的决策部署。如国家发改委要求深化诉源治理、推进社会治理融合互动，积极探索构建行政复议行政应诉闭环机制。最高人民法院下发《关于深化人民法院一站式多元解纷机制建设推动矛盾纠纷源头化解的实施意见》，要求“深入贯彻习近平法治思想，主动适应社会主要矛盾新变化，紧盯矛盾纠纷产生、发展、演变三个阶段，突出源头预防、前端化解、关口把控重点环节，加强部门联动和统筹协调，促进人民法院工作重心前移、力量下沉、内外衔接，从源头上减少矛盾纠纷产生，减少衍生诉讼案件发生，切实维护社会稳定和安全”。检察机关从用好检察建议、积极贯彻少捕慎诉慎押刑事司法政策、推动认罪认罚从宽制度充分落实、积极提起公益诉讼等方面依法能动履职，更深融入社会治理，有效化解社会矛盾纠纷（张军，2022）。

各地诉源治理的实践也取得积极进展。上海法院充分运用现代化信息技术，打造了“一个平台＋法院诉调对接中心窗口和司法局非诉讼争议解决中心入驻法院调解窗口＋人民调解、专业调解、法院调解3支队伍＋一系列制度规范”的“1＋2＋3＋X”诉源治理新格局（陈凤，2021）。自2018年初，浙江就开始全面探索推进诉源治理，2019年全省法院收案数下降4.6%，系全国唯一收案出现负增长省区，2020年收案数同比下降7.2%（陈东升、王春，2021）。南京市雨花台区近年来不断探索网格化治理资源和诉源治理资源的有效衔接途径，促进行业职能与属地职能的有效联动，促进双方协同发展、共赢发展，积累了一些具有地域特色的“网格＋诉源治理”机制建设经验（孙丽莎、李夏婧，2021）。

二、诉源治理的基本内涵

关于诉源治理的基本内涵，目前有很多不同方式的探讨：第一，从政策要求的角度探讨，诉源治理可以界定为：坚持把非诉讼纠纷解决机制挺在前面，从源头上控制进入法院的案件量，其最终目的是要推动形成以“源头预防为先，非诉机制挺前，法院裁判终局”为核心的纠纷解决路径（陈欧飞，2020）。第二，从目前实践中在这一主题下开展的工作的角度进行探讨，可以发现诉源治理目前主要集中于三个方面：（1）以公平正义为价值追求，调整和完善公共治理，加强基层基础工作，消除矛盾纠纷产生的社会根源；（2）根据社会矛盾纠纷发生发展的规律，以坚持和发展新时代“枫桥经验”为指导，完善社会矛盾纠纷多元预防调处化解综合机制；（3）加强非诉讼纠纷解决机制与司法解决机制之间的衔接，在纠纷提交到法院后合理分流到非诉讼纠纷解决机制中。第三，直接从其构成要素进行定义，如"'诉'是指法院的诉讼案件，'源'是指纠纷产生的根源、来源，'诉源治理'是指社会个体及各种机构对纠纷的预防及化解所采取的各项措施、方式和方法，使潜在纠纷和已出现纠纷的当事人的相关利益和冲突得以调和，并且采取联合行动所持续的过程"。

对诉源治理这样一种带有强烈"本土原创"性质的治理活动，必须以科学严谨的态度与创造性的学术努力相结合，才能较深入地发掘其内涵。由此，不能以政策措施的简单总结来代替内涵挖掘，这一方式往往仅能视为对诉源治理工作外延的描述，往往尚未深入探讨诉源治理的理论价值、内在本质及实践路径；不能简单以实践中以诉源治理的名义开展的工作来界定其内涵，这一方式将诉源治理集中于当前各领域各地方的实际落实与创造，过于偏重现实，容易忽视诉源治理所包含丰富的中国特色社会主义理论内涵，从而陷入经验主义的泥潭。此外，也不能简单以诉源治理过程中主体及其活动的描述来认知其内涵，这一方式过于关注参与诉源治理过程的主体及其主观诉求，有泛化之嫌，忽视了诉源治理的"中国语境"，失去了诉源治理的价值意义，割裂了其与中国国家治理体系的深层联系。

结合当代中国国家治理的演进历程，把握诉源治理提出的时代背景与指导思想，可看到"诉源治理"这一概念，既是对党领导人民处理社会矛盾纠纷的长期实践的总结，又是以习近平新时代中国特色社会主义思想处理当前社会矛盾纠纷的成果；既包含了对社会矛盾纠纷发展一般规律的认识，又是充分尊重中国实际，发挥中国特色社会主义制度优势处理社会矛盾纠纷的智慧结晶；既是着眼当前有效化解当前社会矛盾纠纷的有效实践，又是立足长远构建更为和谐社会的治本之策。因此，可将"诉源治理"定义为：在党的领导下，公共机构和社会个体为消除社会矛盾纠纷产生的社会条件，预防和化解社会矛盾纠纷而采取的政策、措施、行动等的治理过程，其目的是维护社会稳定，提升社会和谐，实现社会公平正义。

三、诉源治理的基本定位

（一）诉源治理是我国国家治理发展的必然结果

诉源治理是伴随我国国家治理的发生与发展逐渐成熟并独立出来的，是我党以马克思主义的立场、观点与方法处理社会矛盾纠纷的实践成果与历史积淀。

早在新民主主义革命时期，以毛泽东同志为代表的中国共产党人就提出了一切从实际出发、实事求是、对人民利益高度负责的精神对待群众诉求的原则。毛泽东同志指出，“我们的同志如果把这个中心任务真正看清楚了，懂得无论如何要把革命发展到全国去，那末，我们对于广大群众的切身利益问题，群众的生活问题，就一点也不能疏忽，一点也不能看轻”，并就如何关心群众生活提出了工作方法，“不反对官僚主义的工作方法而采取实际的具体的工作方法，不抛弃命令主义的工作方法而采取耐心说服的工作方法，那末，什么任务也是不能实现的”（毛泽东，1991）。这就提出了解决群众诉求的三个关键：把握真实的群众诉求，采用符合实际情况的方法，真正解决问题。这一原则成为处理新民主主义革命时期根据地群众诉求的指导思想，形成了丰富的实践，其中的典范就是“马锡五审判方式”，即抗日战争时期陕甘宁边区形成的“注重调查研究、方便群众诉讼、就地解决纠纷”的司法理念和审判制度（贺小荣，2021），取得了案结事了、教育群众、伸张正义等多方面的社会效果。

新中国成立之后，处理社会矛盾纠纷逐步走向制度化、规范化。毛泽东同志就人民群众来信指出：“必须重视人民的通信，要给人民来信以恰当的处理，满足群众的正当要求，要把这件事看成是共产党和人民政府加强和人民联系的一种方法，不要采取掉以轻心置之不理的官僚主义的态度。”这一指示成为我国信访制度的发端。此后，毛泽东同志在《关于正确处理人民内部矛盾的问题》中提出了正确处理人民内部矛盾的一系列方法、方针和政策，主张在处理敌我矛盾时要用专政的方法，解决人民内部矛盾时要用民主的方法，即“团结—批评—团结”的方法（中共中央文献研究室，1999），较为系统地阐释了根据不同类型的社会矛盾采用不同处理方法的治理路径。正是按照毛泽东同志依靠群众和教育人、改造人的思想，浙江诸暨枫桥干部群众对“四类分子”就地进行管制、教育和改造，实现了矛盾不上交、改造效果好（中国法学会“枫桥经验”理论总结和经验提升课题组，2018）。

进入新时代，习近平总书记高度重视社会矛盾纠纷治理工作，以辩证唯物主义的世界观和方法论，深刻认识新时代社会矛盾纠纷的规律，继承百年来我党处理社会矛盾纠纷的历史经验，从推动国家治理现代化的高度，创造性地提出了一条从根本上化解社会矛盾纠纷的治理道路，以“诉源治理”为关键抓手，开创了回应人民诉求、定分止争、维护社会公平正义的新局面。

（二）诉源治理充分彰显了中国国家治理的建构逻辑

我国国家治理的建构逻辑规定于《宪法》：中国各族人民将继续在中国共产党领导下，在马克思列宁主义、毛泽东思想、邓小平理论、“三个代表”重要思想、科学发展观、习近平新时代中国特色社会主义思想指引下，坚持人民民主专政，坚持社会主义道路，坚持改革开放，不断完善社会主义的各项制度，发展社会主义市场经济，发展社会主义民主，健全社会主义法治，贯彻新发展理念，自力更生，艰苦奋斗，逐步实现工业、农业、国防和科学技术的现代化，推动物质文明、政治文明、精神文明、社会文明、生态文明协调发展，把我国建设成为富强民主文明和谐美丽的社会主义现代化强国，实现中华民族伟大复兴。这一规定，清晰地界定了我国国家治理的领导力量、主体构成、指导思想、治理内容、治理过程以及治理目标，简言之，党领导人民管理国家事务，实现人民幸福、国家富强和民族复兴。

诉源治理充分彰显了我国国家治理的建构逻辑。

诉源治理是在中国共产党领导下进行的一项治理活动。这体现了党的领导是中国特色社会主义的本质特征，体现了我党在新时代充分贯彻群众路线的历史传承，也体现了我党充分发挥总揽全局、协调各方的领导核心作用，推动国家治理走向系统化、高效化的战略安排。

诉源治理是在党的领导下多方主体参与互相协调配合的治理活动。这种主体不仅包括各种被赋予法定权力及其职责的公共机构，还包括直接或间接与社会矛盾纠纷相关的社会个体。这种主体参与的广泛性，不仅体现了我国国家治理所包含的系统与整体的政治观念，也表明坚持以人民内部矛盾的指导思想处理当前我国社会矛盾纠纷的基本立场。这就是说，即便社会主体之间因为利益或权利引发矛盾或冲突，但基于根本利益的一致性以及共同体意义上的合作性，仍存在现实中达成和解的可能性，而这种达成和解的可能性既取决于社会矛盾纠纷的类型、性质和激化程度，也取决于社会干预介入的时机、方式与恰当性等。实践中，社会个体出于法治观念，主动调整自身行为，常常可在很大程度上避免社会矛盾纠纷的发生或发展，同时，公共机构的诉源治理活动也要作用于社会个人才能起作用。从这个意义而言，在诉源治理中，社会个体的参与不仅是过程性的，而且是构成性的，具有不可替代的价值。

诉源治理是党领导下的多方主体针对社会矛盾纠纷采取的社会干预措施的治理过程。《中共中央关于坚持和完善中国特色社会主义制度、推进国家治理体系和治理能力现代化若干重大问题的决定》中指出，“新中国成立七十年来，我们党领导人民创造了世所罕见的经济快速发展奇迹和社会长期稳定奇迹”。这两大奇迹是我党执政成就和国家治理成效的重要标志，也是未来国家治理现代化的现实基础。诉源治理既是对这两大奇迹历史经验的系统性总结，又是针对社会矛盾纠纷的治理走向现代化的制度化努力，代表着我党领导人民对社会主义初级阶段社会矛盾纠纷规律认识的深化。在我国，社会矛盾纠纷具有发生与发展的一般规律，恰当的社会干预能够有效地预防、缓解乃至化解社会矛盾纠纷。而这种社会干预，既包括对中国特色社会主义制度的完善与发展，也包括对特定的体制机制的完善与发展，还包括依法采用特定的政策措施等，具有丰富的内涵外延。

诉源治理的目标在于预防与化解社会矛盾纠纷，实现社会公平正义与和谐有序。当前，我国正经历经济转轨和社会转型的加速期，各类社会矛盾纠纷仍居高不下，在很多城市出现了司法超负荷运转的现象。诉源治理既是对司法万能主义的一种反思：司法仅仅是解决社会矛盾纠纷的一种途径，而非全部途径；司法仅仅适合解决某些社会矛盾纠纷，并不适合解决所有类型的矛盾纠纷；司法往往并不适合在矛盾纠纷初起时介入，更适合作为定分止争的最后手段来使用；也是对如何实现社会公平正义与和谐有序的再探索：应确保解决方案在实质上符合社会公平正义的标准，根据实际情况采取合适方式恢复或者重构社会关系，而司法作为社会矛盾纠纷预防调处体系中最后的选择（或是不得已的选择），可能是较恰当的定位。因此，诉源治理关注因社会矛盾纠纷所引发社会风险的治理，其现代化的程度直接影响社会长期稳定，并服务于国家富强、人民幸福和民族复兴的伟大目标。

（三）诉源治理对推进中国国家治理现代化具有独特价值

诉源治理以社会矛盾纠纷为治理主要对象，构建起了系统性的国家治理反馈机制，具有推动国家治理自我革新、提升效能的独特价值。我国国家治理体系指人民群众在中国共产党领导下管理国家的制度体系，包括政治、经济、文化、社会、生态文明和党的建设等各领域的体制机制，以及相关的法律制度安排。我国国家治理体系以社会公平正义为价值追求，具有调整社会利益格局、确立社会秩序的目的和功能。因此，国家治理体系是诉源治理的基本条件和基本依据。我国的国家治理必然关注社会矛盾纠纷的预防与化解，国家治理能力必然包含社会矛盾纠纷的减少与化解的能力。同时，也应看到诉源治理已逐渐独立成为一种具有独特治理对象、体制机制、政策措施的治理活动。诉源治理以预防与化解社会矛盾纠纷为主要治理目的，其基本倾向是通过制度性的调整或政策措施的采用，让社会矛盾纠纷不发生，或是即便发生也可在没有激化之前得到化解，从而恢复和发展社会秩序。当前的重点就是在形成诉讼之前，将社会矛盾纠纷有效预防化解。这就要求属地的、行业的以及主管部门的社会矛盾纠纷预防化解机制必须有效地发挥作用。当公共治理自身的完善不足以解决问题时，某种重大的制度调整或者法律法规修改就提上政治日程，也就是说诉源治理以社会矛盾纠纷所产生的内生化压力，重构国家治理的反馈机制，形成推动政策措施调整，再到重大制度改革完善的巨大潜力。因此，基于构建和谐社会、减少社会矛盾纠纷的目的，持续推进国家治理体系的完善和发展，也是诉源治理的根本指向。

参考文献：

习近平，2021，《坚定不移走中国特色社会主义法治道路 为全面建设社会主义现代化国家提供有力法治保障》，《求是》第5期。

张军，2022，《最高人民检察院工作报告——2022年3月8日在第十三届全国人民代表大会第五次会议上》，新华社3月15日。

陈凤，2021，《上海：打造“1+2+3+X”诉源治理新格局》，《人民法院报》7月21日。

陈东升、王春，2021，《诉源治理的浙江实践》，《浙江人大》第4期。

孙丽莎、李夏婧，2021，《关于“网格+诉源治理”机制建设的思考——以南京市雨花台区为例》，《中共太原市委党校学报》第2期。

陈欧飞，2020，《诉源治理发展问题探讨》，《创意城市学刊》第1期。

毛泽东，1991，《毛泽东选集》第1卷，人民出版社。

贺小荣，2021，《“马锡五审判方式”的内在精神及其时代价值》，《法律适用》第6期。

中共中央文献研究室，1999，《关于正确处理人民内部矛盾的问题》，《毛泽东文集》第7卷，人民出版社。

中国法学会“枫桥经验”理论总结和经验提升课题组，2018，《“枫桥经验”的理论构建》，法律出版社。

Litigation Source Governance: A Major National Governance Mechanism

Zhang Zhenli

Abstract: Litigation source governance is a major national governance mechanism in China. It enhances the process of the improvement and development of the socialist system with Chinese characteristics and subsequently contributes to the overall goal of promoting the modernization of the national governance system and governance capabilities. Litigation source governance results from the development of China's national governance, demonstrating the logic of China's national governance. It is valuable in promoting the modernization of China's national governance with self-innovation and efficiency.

Keywords: National governance, Litigation source governance, Modernization

涉诉信访源头治理机制的构建*

□ 李大勇　陈振其**

摘要：涉诉信访源头治理的本质是信访风险的预防，意味着人民法院应当通过多元化的手段，将具有信访风险的矛盾在基层予以实质性化解。涉诉信访的源头治理经历了从无到有，再到与非诉纠纷解决机制、源头治理等融合发展的过程。实践中，人民法院形成了一套以风险评估为先导、以多元共治为支撑、以非诉化解等多元化纠纷解决为核心的涉诉信访源头治理机制。源头治理的开展，造成了调解与裁判的不当竞争，息诉息访逻辑对裁判逻辑的冲突，社会治理功能对依法审判功能的冲击。未来，应当确定宽严适度的诉前调解案件范围，坚持审判中心地位，完善多元共治的源头治理格局。

关键词：涉诉信访　源头治理　社会治理

信访是指公民、法人或其他组织通过来信来访等形式，向各级国家机关反映情况，提出建议、意见或者投诉的活动。实践中，公民的信访行为广泛存在于国家管理活动的各环节、各领域，当其与人民法院诉讼活动产生关联时，涉诉信访便产生了。“涉诉信访”这一概念最早于2004年全国法院涉诉信访工作会议提出，是指公民、法人或其他组织对人民法院的诉讼活动及纠纷处理结果不满，通过来信来访等形式提出建议、意见、诉求，依法由人民法院或有关机关予以处理的活动。

基于信访治理实践经验的总结，2022年2月，中共中央、国务院印发

---

* 本文系2020年陕西省教育厅重点科研项目“信访治理与法治化研究”阶段性成果。

** 李大勇，西北政法大学行政法学院教授、博士生导师；
陈振其，东南大学法学院2022级博士研究生。

《信访工作条例》，同时，国务院2005年颁布的《信访条例》予以废止。《信访工作条例》第5条第5项规定："坚持源头治理化解矛盾。多措并举、综合施策，着力点放在源头预防和前端化解，把可能引发信访问题的矛盾纠纷化解在基层、化解在萌芽状态。"随后，最高人民法院印发《关于加强新时代人民法院涉诉信访工作的意见》（以下简称《信访工作意见》），要求各级法院加强源头治理工作，及时解决涉诉信访苗头性问题。对此，有必要对一段时期以来的涉诉信访源头治理实践经验进行分析总结，有针对性地提出完善对策，为未来制度完善提供借鉴。

一、涉诉信访源头治理的理论内涵

"源头治理"一词可以与各类信访矛盾治理，甚至是各类矛盾纠纷的治理相结合，如黑恶势力的源头治理、个人信息保护的源头治理、社会矛盾的源头治理等。涉诉信访作为一种特殊的信访矛盾表现形式，当其与源头治理相结合，便产生了特殊的内涵。结合《信访工作条例》第5条第5项的规定，涉诉信访源头治理应当从以下几方面进行理解。

（1）从治理的时间看，源头治理作用于信访行为尚未发生之时，本质上是涉诉信访风险的预防。这种风险存在于法院审判的各环节，在诉前、诉中或诉后等环节中，若法院审判行为与当事人预期产生偏差，涉诉信访就可能发生。信访风险在诉讼中的全过程性表明，需将涉诉信访风险预防的意识、措施贯穿于诉讼活动全过程，在诉前、诉中、诉后各环节多措并举，有针对性地预防信访矛盾产生。这一理解，符合司法实践的客观规律。最高人民法院在《关于深化人民法院一站式多元解纷机制建设推动矛盾纠纷源头化解的实施意见》中规定，"强化涉诉信访源头治理、综合治理"，将源头治理贯穿于诉前、诉中、诉后各环节。

（2）从治理的效果来看，源头治理要求实现矛盾的实质性化解。治理是指在既定的范围内运用权威维持秩序，满足公众需要，其目的在于运用权力引导、控制、规范公民的各种活动，以最大限度地增进公益（俞可平，1999）。源头治理的最终目的在于防止涉诉信访矛盾的产生，实现对公民信访行为的引导、控制，这一最终目标的实现在很大程度上取决于当事人诉求的满足程度，表现为可能产生涉诉信访的矛盾是否被实质性化解。诉讼两造对抗的制度设计决定了经由审判作出的纠纷解决裁判必然使一方的诉讼主张难以得到实现。面向涉诉信访源头治理，一方面，人民法院应确保当事人合理合法的诉求得到满足；另一方面，对于无理的诉求，通过释法明理、说服教育等措施，引导当事人理性主张权利。

（3）从治理的层级来看，源头治理意味着将矛盾化解于基层。社会治理的关键是基层社会，这也是国家治理的基石（牟盛辰，2018）。涉诉信访案件的发生，源于信访人对一审法院诉讼行为或诉讼结果的不服，信访人经由层层申诉或越级上访等行为，可将信访诉求直接递交给最高人民法院。在信访人看来，“中央是恩人、省里是亲人、地区有好人、乡里多坏人、乡里尽是敌人”。当事人认为诉讼案件在一审法院无法产生其欲求的解决效果时，向更高层级的国家机关反映情况、提出诉求便成为理所应当的选择。一审法院未实质性化解纠纷，是二审、再审、信访等行为产生的重要因素。涉诉信访的源头治理是将矛盾化解在一审法院，通过调解、裁判等方式，妥当解决争讼案件，避免申诉、信访等程序的频繁启动。

（4）从治理的方式来看，源头治理意味着治理手段的多元化。《信访工作条例》第5条第5项规定，信访矛盾源头治理的基本手段是“多措并举、综合施策”，实质上要求采取多元化的手段，消除信访风险。《中共中央、国务院关于进一步加强新时期信访工作的意见》《中共中央办公厅、国务院办公厅关于创新群众工作方法解决信访突出问题的意见》等提出，综合运用政策、法律、经济、行政等手段和教育、协商、调解、疏导、听证等办法，形成多手段、跨部门、跨地区的综合施治格局。最高人民法院《信访工作意见》提出，“注重在党委领导下综合运用法律、政策、经济、行政等手段，通过诉前调解等非诉讼方式化解矛盾”，“及时解决涉诉信访苗头性问题”。“多措并举、综合施策”的预防手段，针对的是涉诉信访矛盾产生原因的综合性、矛盾化解的复杂性，实践中已成为人民法院源头治理的重要方式。

二、涉诉信访：从末端治理到源头治理

涉诉信访治理方式处于流动变化之中，当信访案件数量不断增加，末端治理难度不断提升，人民法院应对乏力时，从信访矛盾产生的源头进行治理就显得尤为重要。经过几十年的治理实践，涉诉信访矛盾的治理经历了由末端治理到源头治理的转化，并形成了一套从预警到化解的源头治理模式。

（一）涉诉信访治理政策的转变

人民法院对涉诉信访的治理政策随社会治理观念的转变而转变，尤其是党中央信访矛盾治理政策的转变对涉诉信访治理产生重大影响。通过对1995年《信访条例》颁布以来有关信访规定的分析，可以发现涉诉信访的治理主要经历了末端治理、涉诉信访源头预防的初步发展、涉诉信访源头预防的逐步完善与融合发展三个阶段。

（1）涉诉信访矛盾的末端治理。“涉诉信访”这一概念虽然在2004年首次提出，但涉诉信访行为早已有之，且数量庞大。最高人民法院在1985年所作的工作报告中，已涉及人民法院信访工作情况。1988年最高人民法院工作报告指出，五年来全国人民法院年均接待信访量达400万人次，处理来信400多万件。针对涉诉信访，人民法院的精力主要集中在完善信访程序、化解信访行为等末端治理，数量庞大的涉诉信访案件成为法院开展审判工作的沉重负担。1995年《信访条例》颁布，对信访工作的规范主要集中在信访行为，信访机关的受理、办理程序等方面，对如何预防信访行为、如何对信访行为源头治理等内容未做规定。在1995年至2004年的最高人民法院工作报告中，“信访”一词共出现7次，其内容大多为人民法院如何完善接访程序、如何处理信访行为等，信访行为的预防、源头治理等工作基本处于空白状态。

（2）涉诉信访源头预防的初步发展。经过数十年信访治理经验的积累，2005年修订的《信访条例》第5条第1款规定，要“从源头上预防导致信访事项的矛盾和纠纷”；第2款规定“建立排查调处机制”，将从源头预防

信访行为发生明确规定为各行政机关的法定职责。也是在2005年最高人民法院工作报告中首次提出“从源头上减少涉诉信访问题”。但在此后几年中，涉诉信访源头预防工作并未得到应有的重视。2005年至2010年，在最高人民法院工作报告中，“信访”一词出现高达55次，内容涉及信访接待、信访办案量、信访工作责任、信访监督、诉访分离等内容；而源头治理仅出现4次，且其内容具有高度的同质化。2005年、2007年、2009年、2010年四年中，关于源头治理的表述均为提高审判质量，抓好初信初访，从源头预防涉诉信访行为的发生。这表明：一方面，人民法院已经认识到源头治理的重要性，但是在实践中开展得并不充分，对涉诉信访仍然是以末端治理为主。面对涉诉信访，司法机关则可能采用“截访”、物质利诱手段或者进行再审改判使得信访人息诉罢访（李大勇，2021），对于越级上访或采取极端手段上访的行为，不惜采用治安处罚、刑事制裁等手段对信访人进行打压。另一方面，人民法院对涉诉信访源头治理的方式认识较为单一，主要从提高审判质量方面着手。总体上讲，在这一阶段，人民法院开展了一定的涉诉信访源头治理工作，手段的丰富性、有效性等存在一定的不足，涉诉信访治理的重点仍在末端的化解。

（3）涉诉信访源头预防的逐步完善与融合发展。2011年后，涉诉信访源头治理不断得到重视，并逐步与非诉纠纷解决、诉源治理等工作相融合。在前期源头治理的经验基础之上，2011年初，时任最高人民法院院长王胜俊提出涉诉信访工作的“四个必须”，即“必须强化群众观念、必须坚持源头治理、必须建立长效机制、必须工作重心下移”。随后，最高人民法院制定出台“评估预防、约期接谈、责任通报、多元化解、案件终结”五项制度（武健、沈佳，2011），初步建立起涉诉信访源头预防制度体系。在随后几年的最高人民法院工作报告中，涉诉信访源头治理频繁出现，内容亦在不断丰富、完善。党的十八大、十八届四中全会、十九大等会议中，数次提出构建包括源头治理在内的社会治理机制，为各类社会矛盾治理进行总体设计。2013年，中共中央办公厅、国务院办公厅印发《关于创新群众工作方法解决信访突出问题的意见》，重申从源头预防和减少信访矛盾。对信访矛盾源头治理的重视及经验积累在2022年《信访工作条例》中得以体现，除第5条将源头治理作为信访工作的基本原则之一外，第15条、第37条对信访矛盾源头预防工作体制、工作方式作出了具体安排。随后，最高人民法院印发《信访工作意见》，明确涉诉信访要坚持源头治理、前端化解矛盾，实现纠纷解决的“一站式”。

这一时期涉诉信访源头治理的特殊性在于，其与多元化纠纷解决机制、非诉化纠纷解决机制、诉源治理等相融合。2011年，中央综治委、最高人民法院等16个部门联合发布了《关于深入推进矛盾纠纷大调解工作的指导意见》，提出特定诉讼案件优先通过调解方式解决。随后，最高人民法院印发的《关于扩大诉讼与非诉讼相衔接的矛盾纠纷解决机制改革试点总体方案》《人民法院第四个五年改革纲要（2014—2018）》等司法文件中，非诉化纠纷解决机制、多元化纠纷解决机制不断被强调、完善。在各种矛盾纠纷解决机制方兴未艾之时，2016年成都开始探索诉源治理，随后，在全国掀起诉源治理的风潮。《人民法院第五个五年改革纲要（2019—2023）》提出，“完善‘诉源治理’机制，坚持把非诉讼纠纷解决机制挺在前面，推动从源头上减少诉讼增量”。各类新式探索的提出可能出于不同的原因，但最终目的都在于减少诉讼增量，实现纠纷解决的妥当性、安定性。这与涉诉信访矛盾源头治理的要求不谋而合，均是期望通过纠纷的“和平”解决，以防止更大矛盾的产生。这一融合在2022年发布的《信访工作条例》及最高人民法院《信访工作意见》中体现得尤为明显。《信访工作条例》第37条规定，各国家机关化解信访矛盾的基本方式之一是“多元预防调处化解”，目的在于防止预防信访矛盾的产生，实现纠纷解决的安定性，基本方式则是实现各种调解的有效衔接。最高人民法院《信访工作意见》提出，各法院要“通过诉前调解等非诉讼方式化解矛盾”，这一规定直接实现了与非诉纠纷解决机制、诉源治理等的融合。

（二）涉诉信访源头治理的实践

在对人民法院涉诉信访源头治理实践的分析中发现，人民法院在实践中形成了一套以评查预警为先导，以多元共治为支撑，以多元化纠纷解决机制为核心的源头治理模式。

（1）涉诉信访的评查预警。在信访风险自由发展过程中，如果缺少人为干涉，其本身可能不断演化、发酵，从而展现出从隐性风险向显性风险，从低级形态向高级形态的转化（杨华锋、霍妍羽，2022）。实现涉诉信访矛盾的源头治理，重点需要建立起风险预防评查机制，在信访风险尚未成为现实时将其消除。基于涉诉信访发生阶段的不确定性、全过程性，人民法院针对诉讼的不同环节展开评查，并就重点领域、重点时期信访风险强化预防措施。例如，青海省海东市中级人民法院制定了《案件信访风险评估预防工作实施意见（试行）》，建立起包含立案、审判、执行等各环节在内的全流程信访风险评估体系。涉诉信访风险评估工作启动较早，2011 年，最高人民法院发布《关于开展案件信访评估预防工作的若干意见》，对涉诉信访风险评控进行指导。近年来的发展趋势是将信访风险评估与其他诉讼管理工作进行融合，建立智能化的网络评估平台。2020 年，福建省高院将审判管理信息系统、执行流程系统、信访举报系统等平台进行融合，创建了“清风”系统，实现集实时预警、分析研判等功能于一体，对诉讼活动各环节风险行为进行监督（何晓慧，2020）。

（2）多元共治的涉诉信访源头治理格局。党的十九大报告提出，要打造共建共治共享的社会治理格局，其基本内涵包括实体上的共同建设、行动上的共同治理，以及成果的共同享有（江国华、刘文君，2018）。涉诉信访源头治理从局部看属于人民法院职责范围，但在整体上是社会治理的一部分，离不开共同建设、共同治理、共同享有。多元共治格局的形成亦与源头治理方式的多元化要求相契合，通过不同性质、不同类型治理主体的共同施策，形成相互补充、相互协调的源头治理格局。多元共治源头治理格局的基本模式是党委领导、多元参与。在参与治理的主体上，并不限于公权主体，自治组织、行业协会等在涉诉信访源头治理中亦具有独特的专业性、亲和性等优势。例如，四川省泸州市中级人民法院依靠党委领导、政府支持，联合政府职能部门、乡镇政府、社区等协同处理、综合施策，源头治访（张明勇，2019）。还有一些地区人民法院协同当地具有特色的工作室、调解室等组织，建立起基层源头治理体系。与信访矛盾源头治理的趋势相同步，实践中各式各类的多元共治格局同诉源治理、非诉化纠纷解决机制相融合。各类特色性、品牌性的调解室已成为涵盖诉源治理、信访源头治理、非诉化纠纷解决等工作在内的社会矛盾调处中心。

（3）多元化纠纷解决机制。多元化纠纷解决机制是由各种纠纷解决方式、程序或制度，共同存在、相互协调所组成的纠纷解决系统（范愉，2017）。在涉诉信访源头治理中，诉讼系统对信访矛盾的预防主要体现在高质量、合法性的诉讼活动及审判结果上。在诉讼量增加、人民法院审判压力不断增大的情况下，以调解为核心的非诉讼纠纷解决方式得到极大重视。非诉纠纷解决机制对涉诉信访源头治理的作用主要体现在两个方面：一是通过诉前调解等手段，减少了进入诉讼程序的案件，从而避免了涉诉信访行为的发生；二是调解制度的特点是在双方当事人自愿的基础上，实现纠纷解决的合意性、双方可接受性，从而达到纠纷化解的彻底性、实质性。在诉前、诉中、执行等环节的调解活动，正是建立在双方当事人合意解纷的主观基础之上，实现已进入诉讼程序纠纷的有效化解。实践中非诉纠纷解决机制主要包括两种类型：一是委托调解，人民法院引导当事人通过非诉化方式解决纠纷，并将纠纷委托人民调解、行业调解等组织办理。例如，山东省济宁市中级人民法院依托“和为贵”调解室，将诉前纠纷委托给街道、社区、人民调解室，促进纠纷的非诉化解。二是人民法院主导调解，通过聘请退休法官、律师、专业调解员入驻法院，将诉前纠纷分派到人民法院内部的调解中心。例如，河南省沁阳市人民法院在法院内部设立民调中心，并在辖区内各乡镇、居委会设立民调点，依托大调解格局通过非诉化方式将矛盾化解于诉前。

三、涉诉信访源头治理的困境

涉诉信访从末端治理到源头治理的政策转变符合信访矛盾治理的客观规律，但在实践中，人民法院大量采取的诉前调解等行动，也使得源头治理产生诸多问题。

(一)调解结案与裁判结案的不当竞争

涉诉信访行为在立案、审判、执行等各环节均有可能发生，实现源头治理应当在各环节加强信访风险的评判与管控，对诉讼流程实现规范化管理，通过诉讼与非诉讼等多种方式，提升源头预防能力。近年来，最高人民法院多次提出把非诉讼纠纷解决机制挺在前面，开展诉源治理，并将其写入《人民法院第五个五年改革纲要（2019—2023）》，《信访工作意见》明确提出，加强涉诉信访预防工作，“通过诉前调解等非诉讼方式化解矛盾”，诉前调解受到极大的重视。实践中，人民法院采取大量措施在诉前立案环节即展开行动，通过诉前调解引流等方式直接减少进入诉讼程序的案件，将可能的涉诉信访行为挡在诉讼程序开始之前。以江苏省司法实践情况为例，根据江苏省高院公布的审判执行工作情况通报，2019—2021 年江苏省全年诉前调解案件与审执结案件量对比情况如图 1 所示。

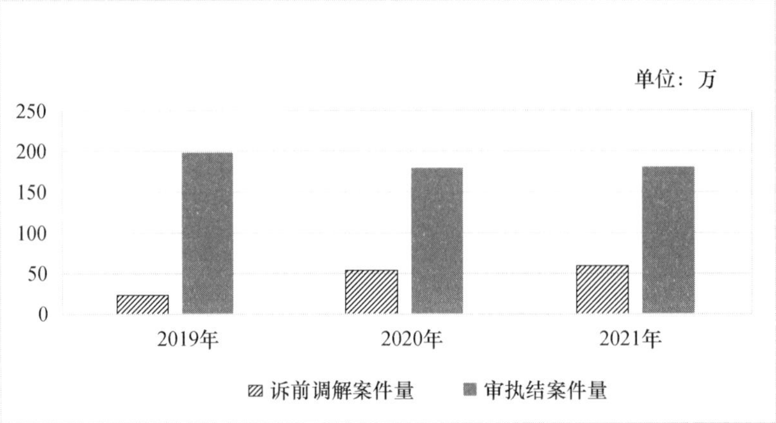

图 1　2019—2021 年江苏省诉前调解与审执结案件量

3 年来，江苏全省经过诉前调解的案件占审执结案件比例不断上升，2021 年，经过诉前调解的案件与审执结案件的比例约为 3 ：7，如若将人民法院办理的各类案件中禁止调解的案件予以扣除，诉前调解比例在人民法院实际适用占有更高的比例。诉前调解的广泛运用是地方法院落实非诉纠纷机制挺在前面，深入推进诉源治理与涉诉信访源头治理的举措，产生了较好的实践效果。例如，2020 年，福建省通过诉前调解引流案件 41.13 万件，成功调解 21.09 万件，实现了全省法院涉诉信访案件三连降（何晓慧，2021）。但是，人民法院的基本职能定位是国家审判机关，诉讼裁判是人民法院解决纠纷的基本方式。在自上而下的推动下，诉前调解等非诉化的纠纷解决方式得到大规模的适用，且未来仍有不断加强的趋势，构成了对人民法院司法裁判功能的侵蚀，偏离了人民法院的基本职能定位。

（二）息诉息访逻辑与裁判逻辑的冲突

涉诉信访发生的全程性、不确定性使法官在案件办理过程中需时刻警惕信访风险，并综合运用各种手段将高风险予以降低，甚至消除。为了预防信访案件的发生，人民法院在实践中建立了一套全流程的信访节点风险评估体系，包括立案环节的信访苗头，审判、执行环节的信访风险评估，审判监督过程中的信访隐患评估等。一些人民法院还针对征地拆迁等重点领域，全国“两会”等重要节点开展案件的集中评查，以评定案件信访风险等级，将本地涉诉信访量降到最低。这就导致法官在办案过程中需要格外注意本案的信访风险问题，在案件信访风险较高，甚至本案当事人曾经是信访人时，法官不得不重新思考本案的处理方式。在我国政治体制下，人民法院实际上是被嵌入在了地方治理的大格局之中，面对政治上维稳的压力，尤其是面对信访考评、考核机制时，正如某些法官所言：当考虑到涉诉信访因素，法官在审判过程中或采取久调不决的方式，或采取将矛盾上交的方式，将本来并不复杂的案件提交审委会研究，或通过在公正或利益上的让步等将案件处理掉，以保持自身的工作业绩（侯建军，2014）。

《人民法院组织法》第 6 条规定的基本裁判原则是“以事实为根据，以法律为准绳”，这要求法官在裁判案件中所考虑的问题应当是该案事实要件为何，法律对该事实要件的规定是什么，将法律规定这一大前提适用到具体案件事实中，要件事实及法律规范之外的内容并不在法官的思考范围之内。但由于涉诉信访风险的存在及风险实现时对法官自身的威胁，“政治正确”和“稳定第一”，成为法官办案过程中的遵循，法律规范则被置于一旁（李红勃，2017）。各种考核、考评机制成为捆绑法官裁判的枷锁，扭曲了本来的裁判思路，使法官在办案过程中更加注重息诉息访这一社会效果，尤其是在办理敏感案件时，如何防止信访行为发生，促使当事人服判成为左右法官裁判的重要因素。

（三）社会治理功能对依法审判功能的冲击

在当代中国政治制度下，人民法院的运转必须服务于国家政治需要，参与到各种社会治理活动中。信访矛盾的治理是社会治理的重要方面，涉诉信访由于诉讼与信访行为的相互交织，使其成为信访治理中的重难点。在源头治理实践中，一些地方法院开创了多种形式的源头治理方式，一些地方法院要求变上访为下访，要求领导干部“带案下访”，一些地区派出法官担任驻村干部，还有一些法院开展“千名干部大走访”“万名法官下基层”等活动。这些活动本质上是人民法院参与社会矛盾综合治理，分担部分国家维稳任务。随着经济社会的发展，国家对于完善社会治理格局的需求不断增强，党的十八届四中全会通过的《中共中央关于全面推进依法治国若干重大问题的决定》以及党的十九大报告中，多次提及创新社会治理体系，构建多层次、多领域的社会治理格局。人民法院积极响应号召，主动融入党委领导的社会治理大格局中，通过源头治理、非诉纠纷解决机制、诉源治理等发挥法院的社会矛盾治理功能。

但在人民法院参与源头治理活动中，法院的社会治理功能与司法裁判功能出现了较大的偏差。在源头治理的实践中，自上而下均在强调优先通过诉前调解等方式化解矛盾，将社会矛盾化解在诉讼程序开启之前。在各种实践活动中，法院的裁判功能并未得到应有强调，甚至带有“排斥”通过诉讼解决纠纷的意涵（周苏湘，2020），这就造成了法院社会治理功能对依法审判功能的冲击。人民法院在实践中大量地参与社会治理活动，承担了过多的不属于人民法院的职责，使本应作为主业主责的司法裁判功能在一定程度上受到“冷落”。

四、涉诉信访诉源治理的完善

（一）规范诉前调解行为

诉前调解与依法裁判同是人民法院强化信访矛盾源头治理的重要途径，

重点在于规范二者的适用，使其能够各归其位。调解制度的优势在于，通过双方当事人的相互妥协、让步，使各方当事人的利益分配达至平衡，从而实现纠纷的实质性化解。人民法院在源头治理中对诉前调解的积极追求，甚至是变相强制，反映出了对诉前调解的强烈现实需求。涉诉信访源头治理在解释上可包含三层深度：一是规范诉讼行为，提高审判质量，防止涉诉信访行为发生；二是通过诉前调解等方式，减少进入诉讼程序的案件，进而预防涉诉信访的发生；三是在矛盾尚未形成时，通过积极的干预，预防矛盾产生。从涉诉信访源头治理的三个层次来讲，人民法院在诉前调解领域应当有所作为，所需解决的是规范诉前调解行为的适用问题，防止人民法院演变为“人民调解院”。对诉前调解行为的规范，最为重要的是通过规范诉前调解入口的方式，合理调配人民法院调解功能与审判功能，使人民法院能够合理运用诉前调解及提高审判质量两种途径进行涉诉信访源头治理。实践中，一些地区人民法院制定了诉前调解的司法规范，通过对该类规范的分析，可以有效把握人民法院对各类纠纷诉前调解的需求强度。司法实践的创新程度往往同该地经济社会发展先进程度存在正相关，通过选取处于不同经济社会发展层级地区人民法院的司法实践现状，能够总体上把握各地对诉前调解入口的掌控程度。以深圳市、青岛市及长春市 3 个地区有关诉前调解规范为例，3 个地区人民法院对诉前调解案件范围的规定如表 1 所示。

表 1　深圳市、青岛市及长春市 3 个地区人民法院对诉前调解案件范围的规定

地区	规范名称	诉前调解案件范围
深圳市盐田区	《深圳市盐田区人民法院诉前调解工作指引（试行）》	诉前调解适用于民商事纠纷、行政纠纷。但根据法律、法规不适宜进行调解，行政和解的纠纷除外
青岛市	《青岛市中级人民法院民事诉前调解工作规范（试行）》	下列纠纷在立案前应当进行诉前调解： 家事纠纷；劳动争议纠纷；交通事故损害赔偿纠纷；医疗损害赔偿纠纷；消费者权益保护纠纷；宅基地和相邻关系纠纷；土地承包经营权纠纷；建筑物区分所有权纠纷；商品房买卖合同纠纷；数额较小的民间借贷纠纷；物业、电信服务合同纠纷；水、电、气供用合同纠纷

（续表）

地区	规范名称	诉前调解案件范围
长春市	《吉林省长春市中级人民法院关于加强和规范诉前调解工作的实施意见（试行）》	下列纠纷应当引导当事人选择诉前调解：家事纠纷；相邻关系纠纷；农村土地承包经营权纠纷；劳动争议纠纷；劳务合同纠纷；交通事故赔偿纠纷；物业、供水、供电、供暖服务合同纠纷；消费者权益保护纠纷；10 万元以下的债务或其他案情简单、标的额较小、争议不大的纠纷

通过表 1 可以看出，人民法院对诉前调解案件范围的规定较为宽泛，深圳市盐田区采取概括式的规定，除法律规定不得调解的外，均可以采取调解方式解决纠纷；青岛市则强制将 12 类纠纷纳入诉前调解范围；长春市则将 9 类纠纷纳入引导诉前调解的范围。表 1 中一些诉前调解案件范围及强制诉前调解的规定，已经突破了现行法律规范，并与《立法法》第 8 条规定的法律保留原则存在冲突。地方法院制定各种诉前调解司法文件的行为表明，地方法院对规范诉前调解行为，统一诉前调解的案件范围具有强烈现实需求。将来，有必要在立法中对诉前调解的范围结合地方实践作出宽严适当的规定。诉前调解范围的确定，应当综合调解组织的解纷能力、公信力和专业水平，遵循宜小不宜大的原则，防止对诉权构成大规模冲击（刘加良，2020）。对于具体何种案件可以纳入诉前调解范围，立法可以作出原则性的规定，赋权地方结合本地区经济社会发展现状，作出具体规定。

（二）坚持司法审判功能的核心定位

任何国家的司法部门都要承担参与国家和社会治理的政治责任（苏力，2010）。党的十八大以来，党中央多次在重大会议上提及社会治理，人民法院参与涉诉信访源头治理是响应国家构建共建共享共治社会治理格局的深刻实践。共建共享共治的前提应当是在尊重社会分工和国家机关职能定位的基础之上，在明确分工与权限的前提下开展。人民法院涉诉信访工作的开展，应当通过主动融入社会治理大格局，发挥人民法院审判职能作用。但在非诉纠纷解决机制挺在前面，诉源治理等机制建设中，在“千名干部大走访”“万名法官下基层”等活动中，人民法院产生了角色的迷失，审判职能作用未得到充分的发挥。

对人民法院司法审判功能的强调，并非要否定人民法院承担社会治理功能。相反，正是基于践行共建共享共治格局的客观需要，人民法院司法审判功能的发挥显得尤为重要。《宪法》对不同性质的国家机关赋予不同性质的职权及职能定位，这是确保国家职权有序运行，社会治理有条不紊地重要基础。涉诉信访矛盾源头治理目的的实现是多种职权相互作用的结果，国家机关之间差异化的权力犹如性质不同的化学元素，多元主体基于差异化职权的共同治理才使得权力之间产生“化学反应”，从多个维度推动诉源治理这一结果的生成。以审判为中心，对司法审判职权适度延伸，融入社会治理大格局，实现涉诉信访治理目标是人民法院的正确定位。实践中，一些法院的变相强制调解以及一些法官下基层活动，淡化了审判权与其他国家机关权力的属性区分，改变了司法权运作的基本方式，甚至会对诉讼结构、功能都产生重大影响（汪庆华，2011）。从审判中心来看，人民法院在涉诉信访源头治理中，应当主要围绕规范审判活动来实现信访预防，在诉前调解活动的开展中保持克制与理性。保持并发挥司法审判权的独特功能，防止不同职权的同质化，从提高审判质量这一根本路径发力，通过司法的涉诉信访源头治理方能有效、高质实现。

（三）构建多元共治的源头治理格局

《信访工作条例》第37条规定：“各级机关、单位应当坚持社会矛盾纠纷多元预防调处化解，人民调解、行政调解、司法调解联动，综合运用法律、政策、经济、行政等手段和教育、协商、疏导等办法，多措并举化解矛盾纠纷。”据此，多元共治的源头治理格局是指信访矛盾治理主体的多元化，治理手段的多元化。

在涉诉信访源头治理主体的多元化方面，人民法院应在党委的领导下，通过信访工作联席会议等机制加强同其他国家机关、社会组织的联系。从国家权力结构角度来讲，涉诉信访并非仅是法院内部工作，在具体案件中可能涉及与党委、政府、人大等机关的关系，须加强与相关职能部门的沟通协调，营造良好的司法环境（王世心，2017）。在数字化时代，互联网和信息技术为中国审判方式创新和司法体制改革提供了重要的机遇（季卫东，2018）。在多元共治机制的建设上，可由党委牵头成立涉诉信访源头治理平台，或将人民法院涉诉信访源头治理纳入已有的社会矛盾风险预警平台之中，通过该平台实现风险预警、矛盾化解，以及信息沟通的流程化、可视化。实践中，已有一些地区将智能化、综合化的信访风险预警平台投入实践，在矛盾预防方面取得了较好效果。例如，杭州市余杭区“社会矛盾风险智能预警处置平台”集全区警务、信访、诉讼风险预警于一体，通过数据汇集、风险的预判等途径，实现对矛盾风险的精准刻画。

在涉诉信访源头治理手段的多元化方面，通过诉讼与非诉讼纠纷解决机制的协作，实现纠纷的实质性化解。治理手段多元化的理想状态是按照纠纷的性质与当事人的意思，将有限的社会资源分配给不同类型的纠纷解决方式，实现纠纷解决资源配置的最优化（梁平，2011）。在诉讼与非诉纠纷解决机制的衔接协作上，一方面，人民法院在诉前经当事人同意，可以将依法能够调解的案件委托给各类调解组织，发挥社会大调解机制的作用；另一方面，人民法院在诉讼案件办理过程中，发现案件具有信访风险时，引入第三方力量，由第三方负责化解信访风险，人民法院则负责案件法律纠纷的解决，发挥其司法裁判职能。通过诉讼与调解机制的规范化运作，构建起“漏斗型”层级化的纠纷解决结构，让诉讼与非诉纠纷解决机制各司其职（张甲天，2020）。

五、结语

追溯涉诉信访治理的发展历程不难看出，涉诉信访治理被嵌入社会治理中，党和国家有关社会治理的重大决策深刻影响着涉诉信访治理的实践。从末端治理到源头治理，再到与非诉纠纷解决机制、源头治理等的融合发展，源头治理已成为涉诉信访治理的主要途径之一。在与各种社会治理机制融合发展的过程中，人民法院须避免司法权行使的过于主动，应在坚持国家审判机关职能的定位基础上，以司法审判为中心，延伸司法审判职能，合理确定诉讼与非诉讼两种方式的定位。

参考文献：

范愉，2017，《当代世界多元化纠纷解决机制的发展与启示》，《中国应用法学》第 3 期。

何晓慧，2020，《福建法院廉政风险防控系统上线运行》，《人民法院报》1 月 22 日。

何晓慧，2021，《福建法院涉诉信访总量连续 3 年下降》，《人民法院报》10 月 19 日。

侯建军，2014，《涉诉信访对司法责任制改革的影响及应对》，《人民法院报》9 月 3 日。

江国华、刘文君，2018，《习近平“共建共治共享”治理理念的理论释读》，《求索》第 1 期。

季卫东，2018，《人工智能时代的司法权之变》，《东方法学》第 1 期。

李大勇，2021，《“诉访分离”司法政策的表达与实践》，《法律科学（西北政法大学学报）》第 4 期。

李红勃，2017，《到人民法院去：当代中国涉诉信访的法社会学分析》，《中国法律评论》第 2 期。

梁平，2011，《“大调解”衔接机制的理论建构与实证探究》，《法律科学（西北政法大学学报）》第 5 期。

刘加良，2020，《非诉调解前置主义的反思与走向》，《政法论丛》第 5 期。

牟盛辰，2018，《治理现代化视阈下新时代“枫桥经验”创新进路研究》，《公安学刊（浙江警察学院学报）》第 3 期。

苏力，2010，《关于能动司法与大调解》，《中国法学》第 1 期。

汪庆华，2011，《政治中的司法：中国行政诉讼的法律社会学考察》，清华大学出版社。

王世心，2017，《运用法治思维与方法 打造信访工作新机制》，《山东法官培训学院学报（山东审判）》第 4 期。

武健、沈佳，2011，《贯彻“四个必须”推行“五项制度”》，《人民法院报》5 月 16 日。

杨华锋、霍妍羽，2022，《情境、意识与行动：国家安全治理话语体系的基本面向》,《公共治理研究》第 1 期。
俞可平,1999,《治理和善治引论》,《马克思主义与现实》第 5 期。
张甲天,2020,《加快审判模式创新与办案流程再造 推进审判体系和审判能力现代化》,《人民法院报》4 月 16 日。
张明勇,2019,《始终坚持以人民为中心 积极探索化解信访矛盾新路径》,《人民法院报》8 月 22 日。
周苏湘,2020,《法院诉源治理的异化风险与预防——基于功能主义的研究视域》,《华中科技大学学报(社会科学版)》第 1 期。

Construction of Source Governance Mechanism for Petitions Related to Lawsuits

Li Dayong　Chen Zhenqi

Abstract: The essence of the source governance of petitions related to lawsuits is to prevent the risks of petitions, which means that the people's courts should resolve the contradictions with the risks of petitions at the grassroots level through diversified means. The source governance of petitions related to lawsuits has experienced a process of integration and development from nothing to non-litigation-related dispute resolution mechanism and source governance. In practice, the people's courts have formed a set of petitions related to lawsuits source governance mechanism with risk assessment as the guide, diversified co-governance as the support, and diversified dispute resolution such as non-lawsuit resolution as the core. The development of source governance has resulted in the improper competition between mediation and adjudication, the conflict between the logic of interest and appeal and the logic of adjudication, and the impact of the social governance function on the function of adjudication according to law. In the future, we should determine the scope of pre-trial mediation cases with appropriate leniency and severity, adhere to the central position of trial, and improve the source governance pattern of multiple co-governance.

Keywords: Petitions Related to Lawsuits, Source Governance, Social Governance

信访观察

袁治杰　司法信访与司法公信力

——历史与比较视角下的德国类信访制度

朱　涛　作为历史遗留问题的知青信访

包涵川　生活与政治的互嵌：中国长期上访行为的发生逻辑

——以一个多年上访案件的分析为例

司法信访与司法公信力

——历史与比较视角下的德国类信访制度

□ 袁治杰*

摘要：本文梳理了古罗马与中世纪以来德国类信访制度的实践，并与中国的司法信访实践进行对比研究。德国类信访制度的发展历史和实践经验，为我国信访制度的持续改革完善提供了借鉴。

关键词：信访　司法信访　司法独立　司法公信力

类似信访的纠纷解决方式应该说在所有时代所有国家、民族可能都存在过（Rehse，2008）。本文在此简要梳理古罗马与中世纪以来德国类信访制度的实践为便于表述，下文将德国类信访制度简称为“德国信访”，并与中国的司法信访实践进行对比研究，希望能够有益于加深对信访制度的理解。

一、概念厘定

在我国，信访是“人民群众来信来访”的简称。1957 年 11 月 19 日，《国务院关于加强处理人民来信和接待人民来访工作的指示》中明确提出，“处理人民来信和接待人民来访，是各级国家机关一项经常的重要政治任务”，并明确认定这是人民的一种民主权利。此后一直被简称为“信访”并最终由 1995 年《信访条例》予以实定法化（李宏勃，2007）。2005 年修订后的《信访条例》第 2 条规定，“信访是指公民、法人或者其他组织采用书信、电子邮件、传真、电话、走访等形式，向各级人民政府、县级以上人民

* 袁治杰，北京师范大学法学院副院长、教授、博士生导师。

政府工作部门反映情况，提出建议、意见或者投诉请求，依法由有关行政机关处理的活动”。2022 年，中共中央、国务院印发的《信访工作条例》第 17 条规定，“公民、法人或者其他组织可以采用信息网络、书信、电话、传真、走访等形式，向各级机关、单位反映情况，提出建议、意见或者投诉请求”。

“信访”这个词是并列结构，标明了信访的两种重要方式，即来信和来访。这个词是一个中立的表述，反映了信访的重要功能之一，即信息传达功能。然而提到信访，人们的第一反应却并非信息传达，而是纠纷解决。原国务院《信访条例》中的定义还告诉了我们语词传达的信息之外的信息，即“投诉请求”，从而把投诉请求这一个目前实践中重要的信访目的明确传达了出来。《信访工作条例》也延续了同样的定位。投诉请求必然以信息传递为基本前提，两者在实践中存在重要关联性。

近年来广受关注的是所谓的“涉法信访”“涉诉信访”。顾名思义，“涉法信访”就是与法律有关的信访，而“涉诉信访”则指称涉及诉讼的信访，常与行政信访对应（李宏勃，2007）。这种区分无疑有其价值。本文这里则借鉴德国学者的概念，采用司法信访的概念，理由在于“涉”字从学术研究角度有些宽泛，无法准确体现在司法框架内信访的含义。

本文主要关注的是司法信访，并试图提出一组新的概念来加强对司法信访的分析，即诉后信访和诉中信访。诉后信访指诉讼终结，判决已经完全、终局地生效之后所进行的信访，此时信访被作为最后的救济途径来运用。而诉中信访则完全不同于诉后信访，其目的在于通过信访向司法机关施加压力欲图影响判决的结果，就此而言，信访本身被作为一种司法工具来看待。诉后信访是作为诉后的救济途径，而诉中信访则是信访人主动利用国家制度供给的一种功利性选择行为。

在德国现代法治国确立之前一直流行着一种与我国现代信访极为相似的制度，德文对此有多重非制度化称谓，最常见的是 Suppliken，Supplikation，Bittschrift，Gesuch，Gnadengesuch，Bitte 等称谓（Rehse，2008）。学术界在做研究时习用 Suppliken 作为其统称，将之翻译为信访就其实质内涵而言可能更为准确，但是就其字面含义以及语词所反映的内在含义而言就不够准确。为了强调本文论述所在，标题特意使用司法信访这样的概念。

这些概念的使用并无绝对统一的标准，学者之间见解也颇多分歧。总体上说，这些词统统都有请求的含义，各个用语之间并无严格的区分。笔者这里则完全以 Supplik 为上位概念，这种简化当然仅仅出于论述的方便，并不能反映原始史料中的语词用法。

权威的法史词典中对该词条的解释如下：它是一种请求书，拉丁语源为 Supplicare，意指下跪。这种请求书通常旨在获得一种优待，而被请求人通常并不必须要给予这种优待，或者不必须在被请求的程序中给予这种优待（Dolezalek，1998）。

这一解释相当抽象且宽泛，旨在尽量涵括该概念的真实所指，传达给我们的信息相对来说有限，但也已经反映了事物的本质，即非常规性、例外性，以及卑躬屈膝的祈求方式，而这种祈求背后所隐藏的正是被祈求者所拥有的至高无上的权力。

最早研究该制度的学者则认为 Supplik 在普鲁士一如在其他德意志邦国指称书面的，但除此之外并无其他格式要求的面向诸侯提出的请求。通过这种方式，个体可以对行政措施以及司法行为提出指控、申请或者请求（Sengelmann，1965）。

在一篇引起广泛关注的博士论文撰写计划中，作者在Rechtssupplik 和 Supplikation 之间作出区分，认为后者系按照罗马法所继受的正式意义上的上诉手段（Hülle，1973）。这种区分后来被认为不妥当也不符合历史文献的用法。但是，正是这篇文章开启了德国学者对于 Supplik 的研究之路，可惜该博士论文撰写计划最终没有得到贯彻。

在 Supplik 之下有学者区分仁慈信访（Gnadensupplikation）和司法信访（Justizsupplikation）。这一区分对本文最有意义。Gnadensupplik 主要指称祈求仁慈的请求，比如，要求获得某种优待，免除某种义务或者获得许可，具体而言，比如结婚之时要求免税，比如要求对孤儿提供抚恤等，不一而足，而 Justizsupplik 则指涉及司法和行政事务的请求，最典型的当然是对司法判决的申诉，比如要求减轻刑罚（Rehse，2008）。司法信访最大的特点在于有相对人（Ulbricht，1996）。也有学者主张在司法信访之下再做民事司法信访和刑事司法信访的区分（Härter，2005）。

Supplik 这个历史概念随着制度的消失而消失（Hülle，1973），当代的词典已经根本不见该词的踪影。语词背后隐藏着历史的真相。当然，语词的变迁并不必然意味着相应的制度完全消失，而只是变迁为其他形态。信访本身的功能现在更多体现在请愿制度之中（Rehse，2008），无疑已经大大不同于原本意义上的信访。

二、历史与实践

如前所述，Supplik 一词来源于拉丁语 Supplicare，这一语源上的关联自然也反映了其制度的渊源。Supplicare 主要含义是请求、祈求或者下跪，最初并无特殊的制度含义，只是在罗马帝政时代这一词才慢慢具有了法律含义，用来指称民事诉讼中私人向皇帝提出的请求，依据该请求民事非常审判（Cognitio extra ordinem）得以被引起。皇帝在这里作为统治者充当了最高法官的角色，且仅仅在其被请求的情况下才会作出判决，而皇帝相对来说有很大的自由裁量空间（Kaser，1996）。此外，Supplicatio 作为一种请求大概在哈德良帝之后被引入，据此所有人在纠纷中均可以向皇帝提出请求，要求皇帝就此提出意见，人们一般认为皇帝作出的答复能够约束法官的裁判，如果说皇帝不亲自就案件作出裁决的话（Kaser，1996）。上述手段一般被认为仅仅是在例外的情况下才被采用，即便如此也被认为有损司法公信力，因此在后古典民事诉讼中，皇帝通过请求干预司法的职权被有所限制（Neuhaus，1977）。在后古典时代，一般来说，判决可以通过上诉或者 supplicatio 而被撤销，换句话说，它此时被看作一种补充性的正式上诉手段。这种发展伴随着皇帝职权的削弱和司法、行政制度的完善（Neuhaus，1977）。也许我们可以说，正式的司法制度在其自身体系内消解了信访程序。

然而，直接对中世纪晚期类信访制度发展有所影响的却是教皇治下的类信访实践。在 12 世纪，教皇治下的类信访制度开始盛行，依据教会法的基本原则，教皇不被任何人审判（Papa a nemine iudicatur）。不仅如此，教皇作为教会首脑，拥有最高的司法权力。正是在这种背景下类信访制度得以盛行，到了14世纪，教廷甚至专门设立了类信访登记，其中有7000卷信访登记得以保存至今。教廷的类信访大体可以分为要求赦免的类信访和司法类信访，就司法类信访而言，大部分是要求教皇干涉正常的司法判决，可能是一种上诉形式，也可能是涉及第一审级的纠纷（Neuhaus，1977）。教皇不可能都亲自作出裁决，大多系由其委任的人来处理，这也形成了一系列处理调查程式。

在中世纪晚期，欧洲世俗世界也存在着类信访制度。只要存在着至高无上不受限制的权力，就必然会存在面向权力持有者的特殊请求。但是，此时保存下来的文档稀缺，此处不作论述。自16世纪以来，类信访制度在神圣罗马帝国开始慢慢盛行起来。格林兄弟编纂的德语词典对Supplik词条的解释能够给我们提供很多信息，据此该词在15世纪到17世纪流行。法国君主专制政体被引入德国为它提供了温床，以及等级参政权被削弱从而导致下层臣民只能通过类信访向统治者提出诉求。[①]

当时就欧洲类信访制度与正式的上诉之间的关系一直存在争论。类信访制度被认为是在发生法律效力的判决作出之后当事人所享有的最后的救济手段，也就是说，这种类信访机制以生效判决为前提。而正式的上诉则不同，它阻止判决的生效，直到上诉判决之后裁判才会生效（Neuhaus，1977）。因此，这种不寻常的救济手段无疑对司法本身会发生重要影响。在欧洲类信访制度和司法上诉之间此时无疑存在着竞争关系，这种竞争关系的发展最终导致的是上诉程序将类信访制度整合。

德国信访就是一种非制度化的实践，其最初的特点就在于毫无形式要求，甚至连书面形式都不要求。但是，随着德国信访数量的增加，就必然催生出一种制度，无论其目的是规范，还是限制，总之逐步发展起来一套制度性规定。每个地方在不同时代，其制度实践都有很大差别，但终究有很多共同之处。以德国刑事司法信访为例，其制度性规定并非由刑事诉讼法作出规定，而是由当时的警察条例予以规定。其最常见的立法目的在于避免信访的

① Jacob/Grimm，Deutsches Wörterbuch，s. v. Supplik.

滥用，通常来说有如下的要求：书面性；由受过一定法律教育的人来撰写；使用特定的印章；缴纳一定的费用；递交两份信访书；呈交给特定的官方机构以及一定的期限限制。基于这种制度性要求，实践中也自然而然产生了各种各样的实践手册，用来指导信访者的信访活动，这当然进一步促进了德国信访的制度化、合理化和程式化（Härter，2005）。很多邦在申诉信之外要求相应负责的官员必须出具意见，然后才可以将之呈送最高统治者。尽管有一系列的规定，但这些规定在实践中的贯彻程度却受到很大的质疑。[①] 联系我国的实践，可以想象很多规定只能成为具文。

总体上说，德国信访和司法上诉制度的边界非常模糊。而随着司法独立的确立，随着现代法治国家原则的确立，德国信访制度也逐步退出了历史舞台。但是，德国信访本身并没有消失，而是为现代司法制度所消解，并转化为现代请愿制度。

三、社会功能

在欧洲类信访制度的第一个重要功能就是信息传递功能，这在封建诸侯时代尤其如此。通过类信访机制，最高统治者能够获得大量关于社会各方面的信息，而这些信息并不必然都会通过他的官僚系统传递上来。不仅如此，统治者也能够明晰了解其所制定的规范的贯彻程度，了解社会的各种冲突、不和谐情况，从而作出相应的对策。而类信访行为的强度、数量也直接反映着社会的不和谐状况（Fuhrmann，Kümin and Würgler，1998）。在我国，信访无疑也发挥着这样的功能，信访的信息传递功能更是显得不可或缺。这种信息传达功能不单纯是一种信息的上传，而是极大地影响着国家大政方针的制定，从而具有政治诉求表达的功能。

值得注意的是，学者们虽然都意识到信访所具有的信息上传功能，但是鲜有人论述信访所具有的信息下传功能。我们只要想象一下很多信访人跑遍

① Fuhrmann/Kümin/Würgler，Supplizierende Gemeinden，in Blickle，Peter，Gemeinde und Staat im Alten Europa，1998，S. 313f.

所有部门寻求纠纷的解决，而这每一个过程都同时意味着信访人对于现代国家运作机制的加深理解，同时在很多情况下，他们也会获得国家机构工作人员咨询所给出的信息，无论是办事程序，还是实质法律内容。在这样一个复杂的交流过程中，信访人绝非单纯的信息提供者，他们也是信息接收者。这种信息接收很可能极大地深化了我国的法治进程。任何法治社会的前提绝非简单的正式的制度设置，而是对现代法治运作有一定理解的现代公民。而信访，尤其是司法信访至少会给普通公民传递一个基本信息，即现代社会纠纷解决是典型的司法解决，而非行政解决。原则上纠纷的最终解决都要通过司法机关作出，哪怕是通过再审程序，那也是在司法框架内解决问题，而非由行政长官乃至党委书记作出。而且信访过程中信访者能够获得大量现代公民权利的观念、意识，从而推动着整个社会法治意识的强化。总之，信访是一个复杂的信息互动过程，而非单向度的信息上传过程。因此，有学者认为信访发挥着连通国家与社会的双向贯通功能（陈璐、朱国云，2022）。

在我国，信访具有监督纠错功能，这一点几乎是不言自明的，尤其对于所谓的行政信访而言更是如此（范愉，2000）。而信访所具有的纠纷处理功能则是其最凸显的功能，几乎可以说目前大多数信访的目的都在于处理纠纷，无论是私人之间，还是私人与国家之间的纠纷。

就司法信访而言，对于已生效判决，信访在很大程度上充当了最后的救济手段，并在很大程度上与民事诉讼法、刑事诉讼法以及行政诉讼法中的再审发生重合。虽然民事诉讼法和行政诉讼法中规定了再审期限，但并非绝对的硬性规定，从而从制度层面导致司法信访无法得到遏制。至于刑事判决则本来也不应该设置再审期限限制。就此而言，论述司法信访必须区分刑事司法信访和民事、行政司法信访。并且，诉中信访和诉后信访也有极大区分的必要。因为诉后信访意味着启动再审程序，意味着这是最后的救济手段；而诉中信访则只是诉讼当事人的诉讼策略、手段，其目的在于向司法当局施加压力，是诉讼博弈中的一环，其本质是通过法外手段干涉司法判决。

最后，纵观德国的制度发展历程，德国信访的大量出现，常常对制度的形成具有重大贡献，比如，德意志帝国议会中的信访委员会（Fuhrmann，

Kümin and Würgler，1998）。这一点在我国最为明显，几乎每个政府机构内都设有信访办公室，国家也有专门的信访局，《信访工作条例》出台之后更是对信访工作进行了全面的制度化规范。显然，政府必须通过制度化的机构设置来应对大量的信访。

当然不可否认，信访的层层传递还具有短期缓解社会冲突的功能，如果矛盾一时无法解决的话，这种时间上的延缓、矛盾所处空间的转移的确可以延缓矛盾的爆发。

四、结语：路在何方？

无论是罗马法上的发展，还是欧洲现代化过程的路径都启示我们，信访这种纠纷解决机制必须要被纳入诉讼法框架内，尤其是民事诉讼和行政诉讼法框架内，通过更为完善的再审程序来化解，甚至彻底替代司法信访，并通过严格的再审期限限制来最终取消信访。当然，刑事诉讼基于其本质特征不应该就再审设置期限限制，但是尽管如此，对于刑事判决的信访也应该被完全纳入再审程序，而避免由行政机关对审判作出干预。至于信访所具有的信息传递功能、政治请愿功能则必须在宪法框架内予以解决，通过宪法上确立请愿权，使得民众能够良好地表达其政治诉愿。而这种请愿制度设置应该在人民代表机构的框架内完成，因为只有代议机构才是真正的民意形成机构。

2022 年，中共中央、国务院印发的《信访工作条例》第 28 条明确规定，各级机关、单位应当按照诉讼与信访分离制度要求，将涉及民事、行政、刑事等诉讼权利救济的信访事项从普通信访体制中分离出来，由有关政法部门依法处理。该条例第 31 条也明确规定，对信访人提出的申诉求决类事项，涉及法律诉讼、仲裁、复议等程序的，都应直接导入相应的程序。也只有这样，才能真正确立司法解决纠纷的权威性、终局性。学术界长期以来主张的信访的法治化，应该说在当前的《信访工作条例》中得到了相当程度的实现，诉访分离的呼吁也得到了初步的实现（李大勇，2021）。也有学者强调信访工作的群众性法治化之间的张力，主张在信访工作中减少权利救济机制的比重，将群众工作方法引入信访工作规范，本质上也是强化民众参与政治的一种体现（刘睿，2020）。

总之，通过正式的司法程序和宪法上请愿权的方式可以良好的消解司法信访所带来的一系列问题，从而确立坚实的司法公信力，应该是可行之路。

参考文献：

Rehse, Birgit. 2008. Die Supplikations-und Gnadenpraxis in Brandenburg-Preußen. S. 90.

李宏勃，2007，《法制现代化进程中的人民信访》，清华大学出版社。

Dolezalek, G.. 1998. Art. Suppliken, in Handwörterbuch zur deutschen Rechtsgeschichte. Bd. 5.

Sengelmann, Hartwig. 1965. Der Zugang des Einzelnen zum Staat. S. 20.

Hülle, Werner. 1973. Das Supplikenwesen in Rechtssachen, in ZRG GA 90. S. 197f.

Ulbricht, Otto: Supplikationen als Ego-Dokumente, in: Winfried Schulze (Hg.), Ego-Dokumente. Annäherung an den Menschen in der Geschichte, 1996, S. 151.

Härter, Karl, Das Aushandeln von Sanktionen und Normen. Zu Funktion und Bedeutung von Supplikationen in der frühneuzeitlichen Strafjustiz, in: Nubola/Wügler (Hg.), Bittschriften und Gravamina. Politik, Verwaltung und Justiz (14-16. Jahrhundert), 2005, S. 245.

Kaser, Max, Das römische Zivilprozessrecht, 2. Aufl., 1996, S. 449.

Neuhaus, Helmut, Reichstag und Supplikationsausschuß, 1977, S. 76.

Fuhrmann/Kümin/Würgler, Supplizierende Gemeinden, in Blickle, Peter, Gemeinde und Staat im Alten Europa, 1998, S. 313f.

陈璐、朱国云，2022，《突破结构功能主义：中国信访制度研究的三维框架与治理逻辑》，《南京社会科学》第 6 期。

范愉，2000，《非诉讼纠纷解决机制研究》，中国人民大学出版社。

李大勇，2021，《“诉访分离”司法政策的表达与实践》，《法律科学（西北政法大学学报）》第 4 期。

刘睿，2020，《群众性与法治化：信访制度改革的张力及其反思》，《政治学研究》第 5 期。

Jurisdictional Supplication and Jurisdiction

—A Historical and Comparative View on German Petition System

Yuan Zhijie

Abstract: Supplication existed in ancient Rome already, continued to be practiced until to the time that Rechtsstaat was established, and was cleared up by modern institution of jurisdiction and petition. Our system of supplication has many disadvantages, especially violates the authority of jurisdiction, so it is necessary to clear up them in the frame of jurisdiction by retrial, and to establish the petition system in the frame of representative institution, thus completing the transformation to the modern Rechtsstaat.

Keywords: Supplication, Jurisdictional Supplication, Jurisdiction, Judicial independence

作为历史遗留问题的知青信访*

□ 朱　涛**

摘要： 知青群体的形成有特殊的历史原因，知青信访呈现利益失落、时段性、集群化、网络动员等特征。从相对剥夺感来看，知青信访期待获得利益补偿和利益追加；从政策因素来看，知青信访寻求政府庇护而指向矛盾源头的政策性。为此，妥善解决知青信访问题将考验政府的政策能力与智慧，也将为其他类似群体历史遗留问题的解决提供经验。

关键词： 知青　相对剥夺　政策起因　政策缝隙

"信访工作是党的群众工作的重要组成部分，是党和政府了解民情、集中民智、维护民利、凝聚民心的一项重要工作。"① 信访工作中遇到的历史遗留问题，一般指在特定历史阶段中，政府的决策、政策由于经济条件、福利保障等方面不尽周全而遗留的在特定群体中长期得不到解决的矛盾，如各地普遍存在的知青②信访问题。历史遗留问题的缘由是在过去，但由该问题引发的矛盾冲突却在当下。各类历史遗留问题长期难以得到彻底解决，成为困扰地区稳定和影响地方社会发展的重要负面因素。因此，有效化解既有历史遗留问题，进而预防生成新的遗留问题，是当前及未来信访社会治理和矛盾化解工作的重要内容。

* 本文受国家社会科学基金重点项目"基层社会纠纷解决与治理现代化研究"（22ASH004）支持。

** 朱涛，中国社会科学院社会发展战略研究院副研究员、中国社会科学院大学副教授。

① 参见自 2022 年 5 月 1 日起施行的《信访工作条例》第 3 条。

② 因知青群体内部在生活境遇等方面分化很大，因此本文论及的"知青"或"知青群体"，一般指通过信访反映问题的知青群体，而不是泛指所有的知青。

一、特殊年代造就的特殊群体

知青是知识青年的简称，指“上山下乡”运动中从城市下放到农村参加农业生产的年轻人。这场运动发端于20世纪50年代，初澜于20世纪60年代，在“文革”期间形成高潮，于20世纪70年代末结束。1955年，毛泽东同志提出：“农村是一个广阔的天地，在那里是可以大有作为的。”这句话后来成为知识青年上山下乡的经典口号。同时，为了加快农村特别是西部农村的发展，减轻大城市的就业压力，知青群体往往自愿或被迫放弃城市生活，响应国家和地方号召，分赴偏远、贫困的农村地区插队落户，仅1968—1978年上山下乡的城镇知青共计1700万人。在新中国的特殊历史时期，实施知青“上山下乡”政策近30年。总体上，知青“上山下乡”与当时经济社会发展状况密切相关。知青运动在国家“一穷二白”面貌需要改变的条件下产生，在加强农业基础、充实农业第一线的状况下兴起，在“文革”期间的特殊背景和环境中发展，在现代化建设的新时期结束。

知青群体（有过知青经历的人）中大多数人实际上只有初中或高中教育水平，少数接受过大学教育。“上山下乡”的经历使大部分知青的教育被迫中断在初中或高中阶段，接受高等教育的概率下降（刘愿，2016）。根据知青“上山下乡”时间划分，知青群体大致可分为以下几类。

一是早期知青（1955—1960年）。自1955年报载河南省郏县大李庄乡的一批中学毕业生回乡参加农业合作化运动到1960年，知识青年下乡处于试验阶段，规模很小。中共中央在《1956年到1967年全国农业发展纲要（草案）》中第一次把知青“上山下乡”作为单独条款列入国家的发展规划，其第39条写道：“从1956年开始，按照各地情况，分别在5年或者7年内，解决城市中的失业问题，使现有的城市失业人员都获得就业的机会。除了在城市能够就业的以外，他们的就业途径，是到郊区、到农村、到农垦区或者山区，参加农、林、牧、副、渔各种生产事业和农村的科学、文化、教育、卫生事业。”（孙成民，2017）可见，在解决城市失业人员问题上，当时把组织青年“到郊区、到农村、到农垦区或者山区”作为就业的一条重要途径。从1957年下半年开始，各省、市自行动员组织了一批城镇青年到农村参加农业生产。尽管当时由城镇到农村、到边疆的人数并不是很多，但从中央到大多省、市都有动员组织城镇青年到农村、到山区、到边疆。“早期知青”中既有原为农村户口毕业后又回到农村的，也有城市批量有组织的支边知青。

二是“前老三届”知青（1961—1965年）。从1961年开始，各地应届初高中毕业生奔赴农场劳动增多。到1962年下半年，国家开始有组织有计划地动员城镇知青到农村参加农业生产，拉开了城镇知青规模化“上山下乡”的序幕。1964年1月16日，中共中央、国务院发出《关于动员和组织城市知识青年参加农村社会主义建设的决定（草案）》，这是党和政府第一次发布指导知青“上山下乡”的纲领性文件。当时在中央成立了“知识青年下乡指导小组”和安置办，各地区也成立了安置知青下乡的专门办事机构。在此之前，已经有1961年、1963年两届人数比较集中的毕业生奔赴农场农村，连同后来的1965届下乡知青，被称为“前老三届”知青。知青运动在党和国家的召唤下，由各地自行组织实施转变为在党和国家的统一部署下，从上而下地由各级政府出面有组织有计划地在全国展开。

三是知青主体（1966—1981年）。自1966年开始，大量知青参与农村建设，一般划分为“老三届”（1966—1968年）、“新五届”（1969—1973年）、“后五届”（1974—1978年）知青。1966年6月，高校招生推迟半年进行且年底又决定取消考试以后，不少中小学校继续停课“闹革命”，既不能升学又不能就业的“老三届”中学毕业生达40多万人（当代中国研究所，2012）。及时解决这一大批因“文革”和政策骤变而没能升学、就业的城镇青年学生的出路，是党和国家刻不容缓解决的重大问题。特别是1968年12月毛泽东下达“知识青年到农村去”指示[①]之后，知青“上山下乡”由初期地方自行安排组织，继而国家有计划但非强制性的安排，迅速发展成

① 毛泽东指示的全文是：“知识青年到农村去，接受贫下中农的再教育，很有必要。要说服城里干部和其他人，把自己初中、高中、大学毕业的子女，送到乡下去，来一个动员。各地农村的同志应当欢迎他们去。”见《我们也有两只手，不在城市里吃闲饭》，《人民日报》1968年12月22日。

一项全国动员的带有强制性的政治运动（刘愿，2016）。国家动员并组织大批知青到农村、到边疆，成为加强战备、储备力量以及开发山区、建设边疆的战略举措，仅在1967年至1969年全国就有467.06万名城镇知青毅然开赴农村和边疆（顾洪章，2009）。1969年达到高峰，当年知青人数达到267万人（刘愿，2016）。虽然没有文件明确规定城镇知识青年必须“上山下乡”，但1968年之后的知青“上山下乡”运动实际具有很大的强制性。当时，很多地方把知青“上山下乡”的动员组织工作，纳入战备动员进行部署，列为城市人口先期疏散任务之一，按照打仗的要求来观察、检查和落实“上山下乡”动员工作，这与当时较为紧张的国际形势以及全方位的战备要求密切相联。

1977年高考恢复后，大多数在农村的知识青年想方设法要回到故乡，出现了“知青返城潮”。1978年12月10日全国知青工作会议结束后，工作重点逐步转移到安置知青回城就业的轨道上来，提出“统筹安排和解决下乡知青回城的工作中，对于1972年底以前下乡插队的老知青要优先安排”，“逐步做到不搞现在这样的知青上山下乡”（孙成民，2017）。1980年10月，中央基本上决定过去下乡的知识青年可以回到故乡城市，但是仍有大量知青滞留在下乡地或者故乡城市以外的第三地。而知识青年的子女最多只可以有一个人迁回父母所在的故乡城市，且有年龄及婚否的限制。由此，知青群体中又有了返城知青、留乡知青、知青子女等情况。1981年，国务院知青办宣布撤销，知青“上山下乡”在组织层面画上了句号。

二、知青信访的特征

知青群体在特殊历史条件下为农村和垦区的建设作出了贡献，为国家的发展和稳定也曾作出巨大的牺牲。随着时间推移，目前大多数知青已退休，其中有部分知青因退休待遇较低，养老医疗负担较重，或者在生活中遇到困难等，在现实中以各种方式（典型的如信访）向政府持续表达自身诉求，渴望提高生活水平、重新获得价值承认，由此引发各种矛盾冲突。由知青等历史遗留问题而产生的矛盾错综复杂，时间跨度长，涉及面广量大，相关利益主体多元，调处难度大，成为当今社会最棘手和最敏感的问题之一，若不能予以有效处理，则会埋下隐患，产生较大的社会风险，对社会的和谐与稳定构成威胁（李琼英、朱力，2015）。知青群体和知青运动在特定的历史时期和社会背景下形成，与政策背景等因素息息相关，需要从社会变迁、社会结构变化等方面综合观察。

（一）知青的利益失落与心理失衡

知青运动的结束和改革开放几乎同步。改革开放以来，我国社会群体分化、阶层结构调整，利益格局深刻变革。知青群体曾经抱着“在广阔的天地大有作为”的信念，自我认同感、荣誉感较强，但现今经济、社会、政治地位等向下偏移，文化程度也偏低，由此产生心理失落和不平衡感，社会归属感和认同感减弱。一部分知青因为“上山下乡”失去了接受较高层次教育的机会，回城后虽然有了工作，但有的后来又成了下岗工人，甚至成为低保对象、生活困难的弱势群体。这部分知青往往将利益失落与当年的知青生涯联想到一起，归咎于国家和政府对自己不公，“亏欠”了自己，期待政府能够弥补其损失，提高其生活水准。当前，知青群体中的利益失落者越来越不满意现实的生活境遇，试图通过上访等方式来表达和实现利益诉求。

以北京市为例，根据相关研究资料显示，北京市的知青群体，以在市郊各县插队的人数最多，因为 1972 年至 1977 年没有去外地下乡。而去外地下乡的北京知青，黑龙江省的人数最多，大约 10 万人，主要是去黑龙江生产建设兵团，其中人数最多的是 1969 届初中毕业生。其次是内蒙古，加起来 7 万人左右。接下来是山西、陕西的插队知青，分别在 4 万人左右。其中在陕西省延川县的北京知青有 1300 多人（邱然、黄珊，2017）。自改革开放以来，大量外地下乡知青相继返回北京。近年来，北京市信访部门平均每年均受理不少与知青相关的信访问题。

（二）知青诉求的时段性特征

知青群体主要是 20 世纪 50 年代生人，也有一些出生在 1945—1949 年，“上山下乡”使得学业中断命运改变，“幼年时代吃糠，青年时代下乡，千辛万苦回城，人到中年下岗”（梁志全，2015）。知青回城之后，大多数知青都面临就业、住房、婚姻等困难。上访知青群体的区域分布广，主要以个体或集体上访为主，老上访户、思想偏激者较多，反映的问题往往时间跨度长，经历了时代更迭、政策变更、人员更换。由于时段较长，政策变动大，公职人员多代更换，造成责任主体不明确，当前基层政府解决问题的积极性不高。知青历史遗留问题在矛盾主体、成因、范围、时间等方面错综复杂的特性为矛盾的化解带来难题。在这些矛盾中，有些是合情理，但不符合政策法规；有些则不合情理，也与现时的政策法规相悖。综合来看，知青上访的诉求涉及多个方面，在不同的年代具有不同的特征（见表1）。

表1　上访知青在不同年代的主要诉求

时间段	上访知青的主要诉求
1980—1990 年	工龄计算①、遗失档案问题、工作问题、住房安排等
1990—2000 年	社保、医保问题，下岗工人的问题，知青“贫二代”问题
2000—2010 年	养老金或退休金问题、医保问题
2010 年以来	通过微信群等组织形式，在敏感年份集体发声，要求提高养老金、医保、生活待遇等

医保、退休金是知青群体当前最主要的信访诉求。至 20 世纪 80 年代末，大部分北京知青返回北京，但返城的方式有所不同。在 1980 年前后，北京的知青政策是人和户口都可以回京，但需要自谋职业。其中一部分北京知青，虽然将户口迁回北京，但工作单位还在外地（如河北、天津），后来也在外地的工作单位（大部分是企业）办了退休手续。一般男性在 50 岁，女性在 45 岁左右就办理退休，然后返回北京居住生活。相比在北京办理退休的知青，外地办理退休的知青的退休金待遇要差一大截，且没办法享受北京医保待遇，在北京看病后得返回外地报销。同时，京外医保待遇不如北京，不仅报销标准低且报销药品的种类少。因此，这部分在外地办理退休的知青多次上访，要求提高退休金待遇并享受北京市的医保政策。

① 1988 年 6 月，中央明确规定：知青在下放农村劳动期间的农龄一律算作工龄。

（三）知青上访行动的集群化

上访知青的背景和经历相似，同质性很强，在“集体上访”的共享情境中，人们对群体的共同性有了更深刻的认识，容易产生情绪的“共同化”，结为“命运共同体”，或想象的“命运共同体”（单光鼐，2015）。“命运共同体”成为知青群体进行集体上访行动的最直接的动员结构。在行动策略上，知青往往把自己塑造成特定历史时期的“弱者”，构建出一套迎合社会同情与支持、符合国家意志与主流意识形态的情境话语，并通过“要吃饭、要活命”的口号强化自己的“苦难”形象，营造出蒙冤氛围来增强感染群众、扩大宣传的效果（王惠林、洪明，2017）。知青的历史遗留问题本身是群体性的，受过特殊年代政治运动洗礼的知青们联动性较强，因此很容易呈现出集群化上访的特征。对 X 市信访部门受理的知青信访事件的统计分析显示，从上访方式来看，平均每起知青上访事件有 27 人参与，同一事件平均来访 3 次以上（重复访）；从来信方式来看，数据显示来信大多是 1 次来信或 2 次来信，这是因为在来信没有解决诉求之后，知青很快就转而进行上访。

知青群体通过集合、串联、聚会等形式形成集体上访，有的是相同地域、相同单位、反映相同或类似问题的人聚集在一起集体上访；有的是不同地域、不同单位、反映不同问题的人集合在一起上访。知青群体以“抱团取暖”方式，营造苦难情境，烘托情感氛围，以获取公众和媒体在道德上的支持。

（四）知青上访的网络动员

互联网时代下的信息传播便利，加上移动智能手机的普遍应用，使上访知青便于通过互联网表达利益诉求，以网络动员扩大社会影响。一方面，互联网的搜索和筛选功能将具有相似生活处境、相似社会地位、相似利益诉求、相似心理体验的人联结在一起，知青群体自发组织起来，形成社会动员网络。另一方面，知青或其家庭成员通过微信群等方式，自发地形成跨越地域界线的利益群体，通过现实和虚拟空间持续互动，在交流中产生共鸣，使一系列负面情绪在群体中传染、叠加与强化，并在互动中寻求其行动的自我解释，建构行动策略，从而为知青的集体行动创造了条件，也促使集体行动的发生频率加快和规模扩大。总体上，近年来知青群体通过互联网的集体行动日益增多，但行动方式较为理性和温和，极少出现极端冲突。

知青群体赋予自身维权行为某种合理的身份，渴望得到社会的关注、同情和支持，以此给相关政府部门施压。各级政府对知青群体的历史遗留问题采取了多种解决方式，但政策大多碎片化，以个案为主。知青群体反映的问题关涉多个部门，如劳动、民政部门关涉知青的养老保障，卫生部门关涉知青的医疗报销等。从全国来看，零碎的部门性政策、地方性政策，在实践层面导致权宜性效应，难以从根本上解决问题（李琼英、朱力，2015）。当前，知青群体的诉求目标较为统一，随着知青绝大多数已步入退休，养老问题是知青最为关注的。对于经济补偿或补贴标准，知青群体借助发达的通信手段（如微信），在不同地区、不同省市之间比较。

三、知青信访问题的分析视角

近年来，知青信访现象频发，并呈现出集群化、网络动员等特征。知青信访反映的问题大多集中在养老保障、医保待遇、生活补助等方面。基层政府虽然通过慰问困难群体、送温暖等方式缓解了一些知青的生活困难，但总体上与知青有关的历史遗留问题并没有全面解决。

（一）社会变迁中的相对剥夺感

改革开放以来，社会生活发生了巨大的变迁，有的知青群体因为机遇、自身能力等原因，又遇到下岗等事件，随着年龄的增长，逐渐成为社会的弱势群体。相对剥夺概念最早由美国学者斯托弗提出，后经美国社会学家默顿的发展，成为一种关于群体行为的理论，即相对剥夺理论，具体是指当人们将自身处境与某种标准或某种参照物相比较而发现自我处于劣势时所产生的受剥夺感，这种感觉会产生愤怒、怨恨或不满等消极情绪（周连根，2013）。这种相对剥夺感不是与某一绝对的或固定的标准相比，而是与某一变量相比，因此这种剥夺是相对的，这个变量可以是其他人、其他群体，也可以是自己的过去。有时，即使某一群体本身的处境已有所改善，但如果改善的程度低于其他参照群体的改善程度，相对剥夺感也会产生（陈光金，2013）。根据相对剥夺理论，如果一个人原来生活水平不错，后来下降或跌落；或者与周围的人相比，他的生活境况相对下降了，就容易引发社会与心理问题。

现实中，知青信访群体客观存在一定的生活困境，但生活困境并不必然产生矛盾，当知青群体在与各类参照群体比较后，原有的困境会在主观层面加深，心理失衡，一旦相对剥夺感通过具体的信访行动表现出来时，矛盾便显现了。对知青群体而言，大多不是现实生活中的利益受到侵害的问题，而是自我感觉应该得到更多的利益、期待获得利益补偿和利益追加，主观的不满是矛盾产生的重要原因。因比较而产生相对剥夺感大体表现为四个方面。一是知青个人与其他知青的比较。知青群体内部存在很大的分化，知青经历有人时间长有人时间短，有人视知青经历为苦难岁月，有人则对知青经历青春无悔。二是知青个人与过去的自己比较。源于利益的绝对受损或现实中遭遇的困境，一部分知青（如国企下岗知青）在与从前的“我”比较之后感觉经济和社会地位下移而产生被剥夺感，自我在历史和现实的不同生命体验形成了心理落差和受挫感。三是知青个人与社会上的一些人比较。现实中因腐败、权力寻租等原因，形成了一批非法致富的人，一部分知青将对这部分人的不满转换为对自己生活境遇的不满，形成心理不平衡。四是知青群体与其他群体的比较。知青群体一旦感觉其他群体的社会地位、经济水平上升了，而自己却相对下降了，就会产生矛盾心理。这里的参照群体分类复杂，例如，有年龄参照群体，即知青群体与年龄相近没有经历知青生活的人比较；有地域参照群体，即知青群体与本地区或外地的知青群体比较；还有收入参照群体、职业参照群体等。

在利益、福利的上行比较中，知青群体摆脱眼前困境，提高经济社会地位的诉求比底层群体更为强烈。在制度变迁、政策调整过程中，信访的知青群体感觉到收入水平、社会地位下降，曾经的“历史事件”就会在他们心中日渐突出、放大，从而使他们对于那段历史或不合理问题产生“倒找”

举动。一部分知青感觉自己是被剥夺群体，承担着历史发展的代价，但却没有得到补偿，因此他们的相对剥夺感、不平衡感就更为强烈，与其他知青相比，他们更容易采取非理性、激进的行动。而当一部分知青感觉自己与主流社会日渐疏远，可能会进一步采取极端行动，成为社会稳定的显在和潜在的威胁。

美国社会学家泰德·格尔在《人们为何造反》一书中表示，如果一个快速变迁的社会同时具备了以下两个条件，就易于发生集体造反的社会事件：一是如果很多人把自己的命运与另外一个最迅速获利的群体所组成的参照群体相对比并感到强烈的相对剥夺；二是如果这些具有不满想法的人们心中思索减轻，这一相对剥夺的希望先是被唤起，后来又落空，那么反抗就可能出现（李培林等，2005）。即便有大量优惠政策推出，如果知青本人长期难以摆脱困境中的失衡心理刺激，不再接受政策安排、心生相对剥夺感也将进一步引发矛盾和冲突。

（二）矛盾生成的政策因素

政策自身的局限性是知青问题成为历史遗留问题的起因。知青运动从20世纪50年代开始，一直持续到改革开放初期，持续近30年时间。在大量知青返城后，国家和地方政府相继出台了一些相关政策。近年来，和知青有关的政策虽然有相应调整，但仍有知青无法获得期待的利益提升，在此过程中知青历史遗留问题一直存续。在理论上，政策起因论指出，某些问题的形成最初源自政策的更迭或新政的实施，即政策作为一个客观事件，是矛盾或问题产生的逻辑起点。政策是一种准规则，从普遍性、强制性和稳定性来看，它低于法律。在特定历史阶段，政府制定的政策仅对特定的人群、特定的事物具有特定的功能，因此政策具有一定的地域性、时效性和群体性，可能会产生非预期性的后果。在社会变迁过程中，原有政策失效或效力弱化，新的政策又没有相应生成，或者新政策没有顾及、覆盖所有社会成员，遗漏了一部分群体，这种政策转换过程中的漏洞是历史遗留问题产生的实质。与政策起因论相类似，政策缝隙论认为同一领域的政策在时间空间、社会群体之间的实质性内容存在着不一致，使其在利益再分配过程中成为社会矛盾冲突点或社会稳定风险点，政策之间存在着缝隙（朱德米，2012）。随着时间推移，当年知青相关政策的合理性和正功能日渐削弱，而局限性逐步显现并放大，缺陷和漏洞凸显，由政策引发的问题随即出现。

客观来说，政策是由当时的经济发展水平、政治制度、社会制度等因素共同决定的，不同时期政策的功能不同，对政策的理解也有所不同。知青“上山下乡”政策在当年对稳定国家经济社会环境起到了重要的作用，这一政策是特定时期国家出台的重大政策，具有应急性特点，但也深刻影响了知青群体的命运，矛盾由此产生。同时，知青政策中在当年有来自中央的政策，因此由政策引发的矛盾，使知青群体将矛盾对准各级政府，将其利益受损归咎于政策。此外，虽然国家层面推出了一系列关联政策或后期补救政策，但地方在执行过程中往往会出现政策失真，即偏离了国家原初的政策目标。因为中央目标往往具有指导性和整体性，而地方政府则根据自身的偏好和行为能力的强弱显现出更为明确和具体的具有本地化特色的地方目标（贺东航、孔繁斌，2011）。这使得知青问题也掺有地方政策因素，矛盾进一步聚合和深化。

现实中，通过信访反映问题的知青群体并非利益的直接受损者，而更多的是社会发展中因政策失效、政策更迭、政策缺位等原因而形成的利益失落者或间接利益受损者。政府是当年知青政策的主导者，在后续政策上承认知青插队计算工龄等，但要政府完全承担起知青的职业安排、养老保障等是不切实际的（李琼英、朱力，2015）。当初的知青是政府号召和政策造就的，后来知青的安置政策也是政府规定的，因此矛盾源头的政策性，导致知青群体将其利益受损归咎于政策。

作为历史遗留问题，知青相关政策在未来一段时期仍是矛盾的根源。一是外在支撑力不足，国家及地方目前针对知青群体的相关政策呈现碎片化，有效的利益补偿和政策替代不足，部分知青群体的生活水平和身份地位持续下降，甚至陷入困境；二是内生动力缺乏，即部分知青群体对政策补偿过分依赖而缺乏自我提升动力。政策理论认为政策变迁产生的利益受损群体并不会全部转化为历史遗留问题群体，有人凭借自己的持续努力获得了向上流动的机会，没有陷入政策陷阱或利益困局，也有人由于主客观因素未能摆脱政策的伤害，沦为绝对或相对贫困群体。这部分群体常常将自己的困境完全归因于国家政策，从而萌生对国家和政府的不满和怨恨心理。当信访的知青群体改变现状的期望落空，负面情绪便会进一步累积和发酵，使不满转化为怨恨，质疑现存社会政策和制度公平性，将可能触发一系列对抗社会的行为，引发社会矛盾和冲突。

四、化解知青信访问题的政策建议

自 2022 年 5 月 1 日起，我国开始施行《信访工作条例》。对比 2005 年起施行的国务院《信访条例》，此次《信访工作条例》突出党对信访工作的全面领导，特别是在“信访工作体制”建设上，第一次提出了“构建党委统一领导、政府组织落实、信访工作联席会议协调、信访部门推动、各方齐抓共管的信访工作格局”。这是对既有信访工作体制的重大创新，体现了党的十八大以来信访工作制度的改革成果。在应对知青历史遗留问题时，依《信访工作条例》精神，信访工作可从以下几个方面入手。

（一）分类治理，准确区分信访诉求

知青历史遗留问题成因复杂，不同的信访知青其诉求差别很大，须针对不同的信访人详细分类，建立不同层次的化解办法，依轻重缓急分阶段分批解决。首先，关于退休金待遇问题。例如，虽同为北京知青，但在外地企业退休的北京知青目前退休金标准较低。建议政府摸底调查，准确掌握这部分知青的人数，并按知青生涯的长短，通盘考虑发放生活补助金。如参照退役军人政策，逐年增加生活补助费，调整幅度不宜过高，但要让知青看到希望，感受到政府的关心。其次，关于医保待遇问题。医保政策的调整与全国医疗体制改革的进程息息相关，在当前情况下，地方政府能及时开展的是对因病致贫的知青的救助。如拿出一定的慰问金慰问因病致贫的知青。同时，政府可补贴一部分资金，鼓励对医保有需求的知青参加商业医疗保险。最后，依法依规应对，坚持原则。一小部分知青提出的信访诉求并不合理合

法，如要求发放“青春补偿费”。对于这类诉求，信访部门应做好说服工作，防止妥协形成示恶效应。

（二）地区联动，统一标准同步解决

知青的历史遗留问题是全国性的，如果各地解决步调不一致、补偿政策不统一、补偿金额差别大，容易使信访知青相互比较，导致原有的矛盾延伸、扩大。因此，解决知青历史遗留问题，需在全国至少是省域范围内同步实施。当前，借助微信等手段，信息传递已十分便捷，应防止不实消息的散布传播，造成知青间相互参考比较而产生不平衡感和不满情绪。中央层面需进行顶层设计，针对同一类群体实施统一政策，制定指导意见，制定通用的生活补助计算公式，补助标准调整方式。同时，中央也可根据不同地区的经济社会发展水平，在解决知青历史遗留问题中制定不同的中央与地方财政分担比例。

（三）底线公平，坚持人民利益思维

类比知青，退役军人、下岗职工等也有诸多历史遗留问题的诉求。因此，在出台解决知青问题的政策时，需要比照、考虑其他人群的解决政策，坚持底线公平，保证知青困难群体的基本生活，但也不能突破底线满足信访人的不合理诉求。从当前信访知青反映的诉求来看，绝大部分诉求都是经济层面的，属于民生领域。信访的方式也比较平和，鲜有暴力情形。在解决知青历史遗留问题时，要坚持人民利益思维，警惕经济问题政治化，预防信访知青针对敏感年份、敏感日期借题发挥。当前，网络表达已成为现代社会重要的利益表达渠道，是信访群体发泄不满、寻求心理慰藉和帮助的新方式，政府部门需高度重视，进行有效监管和引导，及时澄清谣言。毛泽东曾说：我们对于少数人闹事，应当采取积极态度，不应当采取消极态度，就是说不怕，要准备着（毛泽东，1977）。

（四）科学决策，稳定政策预期效果

政府在出台处理知青历史遗留问题政策时，需尽量克服政策的自身局限性，保持政策制定的科学性。一是在政策设计和执行时要考虑知青的利益，避免盲目追求地方利益、部门利益。政策设计前建议细致调查了解知青群体的诉求和对政策的态度，采取座谈会等方式，扩大公众参与。二是完善政策的动态调整机制，根据现实情况，相应调整政策，延长政策运行周期，保持政策的稳定性和连续性。三是政策实施前要进行风险评估，在政府主导下，建立由相关利益群体、专业机构、社会组织等共同参与的评估机制，减少新政策执行带来的社会风险。四是建立政策的责任机制和激励机制。在干部考核中，将解决知青等历史遗留问题纳入政绩考核“加分”体系，改变基层政府对历史遗留问题推卸责任，化解矛盾积极性不高的现状。

（五）信访搭台，部门协同化解矛盾

对于知青群体，信访是一种常规的诉求表达渠道，信访渠道是否畅通具有重要意义。倘若知青没有体制内的渠道表达自身诉求，可能会产生这样的后果：对知青个人而言，会在长期的压抑、失落中出现心理失衡、扭曲，引发个体的各种越轨行为，甚至出现危害公共安全、报复社会的行为；对知青群体而言，将容易受到各种势力的蛊惑，走上体制外的集体行动，甚至制造各种事端扩大影响，对政府施压。因此，在知青历史遗留问题上，信访应成为知青多元化利益表达的平台，以了解知青群体的真正诉求、心理和行为状态等。当前，大多数信访知青的问题受国家特定政策的影响而产生，其诉求有一定的合理性。真正要解决知青问题，除了信访部门，还需要各相关部门的协同发力，能按政策正常解决的，不应拖延。对于不符合政策条件确实无法解决的，要做好解释沟通，通过各种方式（包括由知青子女协助做工作）交流，消除其不合理的诉求和心理障碍。

知青历史遗留问题由来已久，随着时间的推移，信访知青大多数已退休，诉求集中在养老、医保等民生经济领域。知青信访是一种寻求政府庇护的信访，信访者除对物质利益提出诉求外，在精神、价值层面也渴望得到认可，对于这种信访类型，我们既不能唯恐而避之，也不能轻视它（王惠林、洪明，2017）。总之，历史遗留问题的解决不是一蹴而就，而是一个渐进、持续的过程，但也不能以此为理由拖延解决、消极应付，否则将可能诱发更大规模的不满情绪。因此，妥善解决知青历史遗留问题将考验政府的政策能力与智慧，也将为其他类似群体问题的解决提供经验。

参考文献：

毛泽东，1977，《毛泽东选集（第五卷）》，人民出版社。

刘愿，2016，《弥补那逝去的青春：知青对子女教育的代际补偿研究》，《世界经济》第5期。

孙成民，2017，《知青上山下乡政策的经济社会背景考略》，《毛泽东思想研究》第1期。

当代中国研究所，2012，《中华人民共和国史稿》（第三卷）（1966—1976），人民出版社、当代中国出版社。

顾洪章，2009，《中国知识青年上山下乡始末》，人民日报出版社。

李琼英、朱力，2015，《我国历史遗留的社会矛盾及其走向》，《学术界》第10期。

邱然、黄珊，2017，《“七年知青经历是习近平总书记治国理政思想的历史起点”——习近平的七年知青岁月》，《学习时报》3月10日。

梁志全，2015，《上山下乡：20世纪席卷全国的青年运动——知青对农村岁月的感性认知和理性思考》，《中国青年研究》第10期。

单光鼐，2015，《群体性事件背后的社会心态》，《中国党政干部论坛》第5期。

王惠林、洪明，2017，《历史遗留问题信访的治理机制研究——以中部某省L镇的调查为例》，《天津行政学院学报》第1期。

周连根，2013，《基于集体行动理论视角的“群体性事件”因应机制探略》，《河南师范大学学报（哲学社会科学版）》第3期。

陈光金，2013，《不仅有“相对剥夺”，还有“生存焦虑”——中国主观认同阶层分布十年变迁的实证分析（2001—2011）》，《黑龙江社会科学》第5期。

李培林等，2005，《社会冲突与阶级意识：当代中国社会矛盾问题研究》，社会科学文献出版社。

朱德米，2012，《政策缝隙、风险源与社会稳定风险评估》，《经济社会体制比较》第 2 期。
贺东航、孔繁斌，2011，《公共政策执行的中国经验》，《中国社会科学》第 5 期。

Public Complaints of Educated Youth as a Historical Legacy

Zhu Tao

Abstract: There are special historical reasons for the formation of the educated youth group. The Public Complaints of the educated youth show the characteristics of loss of interests, periodicity, clustering and network mobilization. From the perspective of relative deprivation, the educated youth's Public Complaints expect to obtain compensation and additional benefits. From the perspective of policy factors, the Public Complaints of educated youth seek government asylum and point to the source of contradiction. Therefore, solving the problem of Public Complaints of educated youth will test the government's policy ability and wisdom, and will also provide experience for other similar groups to solve problems.

Keywords: Educated Youth Group, Relative Deprivation, Policy Causes, Policy Gap

生活与政治的互嵌：中国长期上访行为的发生逻辑

——以一个多年上访案件的分析为例*

□ 包涵川**

摘要： 长期上访现象对基层治理构成了挑战，既有研究未能对其生成机理加以关注。长期上访导源于"生活与政治的互嵌"现象，这包括政权融入生活、生活融入政权、政权和生活相互依存性的再生产这三个方面，通过一个多年上访的案例可以发现，"生活与政治的互嵌"状态的形成和民众表达相对具体的利益以及策略主义式的行政高度相关。这使信访人提出的要求越发增多，扩展了初始的上访内容，最终将部分民众的上访行为在个体生命维度中不断延长了。未来的治理之策包括促进政府和社会互动的法治和协商性、适当强化和保持基层政府的权威、增强政府领域和社会领域之间的过渡性这三个方面。

关键词： 信访　多年上访　国家与社会关系　基层治理

一、中国基层治理背景下的上访长期化现象

党的二十大报告强调了打造共建共治共享的社会治理格局的重要意义，创新和优化社会治理也日益成为社会和学界关注的热点。在未来的远景蓝图里，关键内容之一便是应对社会矛盾以及防范化解社会风险，以妥善地将矛

* 本文是国家社科基金项目"'党员下沉基层'背景下的社区治理共同体建设机制研究"（项目编号：21CZZ008）的阶段性成果。

** 包涵川，男，河北唐山人，政治学博士，长安大学人文学院讲师，陕西省公众科学素质与公共政策研究中心研究员，研究方向为中国政府与政治。

盾化解在人民内部。从学术的角度来看，共建共治共享的社会治理格局事实上是在社会系统和政权系统之间的互动过程进行调适，进而一方面使得社会成员的利益和诉求实现更好的表达和聚合，另一方面让政权能够以其正当性和权威性去回应和塑造社会成员的政治偏好和行为选择。两个过程的不断循环能够最终共同指向政府和社会的协同化的、有机化的、有序化的互动状态，从而深化党和人民群众之间的血肉联系，实现政权建设和社会建设的共同优化。

在中国治理情境中，一项具有鲜明中国特色的政治制度就是信访。就定义来看，根据《信访工作条例》规定，信访是指公民、法人或者其他组织采用信息网络、书信、电话、传真、走访等形式，向各级机关、单位反映情况，提出建议、意见或者投诉请求，有关机关、单位应当依规依法处理的活动。信访制度具有较为悠久的历史，早在 1951 年，信访制度就建立起来，在逐步发展中，它成为党和国家加强同人民群众联系的重要形式。当今，中国虽然存在着公民投票、提案、行政诉讼、参与听证等诸多民众利益表达的正规渠道，但是，通过信访制度维护自身利益仍是一种必要的选择。甚至，相对于行政诉讼等其他利益表达形式而言，“认访不认诉”“以访代诉”“上访有理、上访有利”等观念构成了社会民众的一般思维。

当前上访活动的一个重要特点在于长期上访行为频发。长期上访，顾名思义，指的是在相对长的时间维度中的上访行为。在地方政府的信访工作中，接待“老上访户”和处理积压案件经常构成了工作的难点内容。整体来看，长期上访行为有以下几个特征：第一，不以上访人的诉求是否解决为上访终止的衡量标准。对于大多数短期的上访行为而言，上访者的利益诉求一旦得以实现或者由于其他原因改变初衷，上访行为即宣告结束。但是，本文关注的长期上访行为却表现出一定的差异性，一方面，上访者的利益诉求普遍不甚合理，或者常常越过了法律和既有政策的合理框架，这造成了其利益诉求在短时间内难以被彻底解决；另一方面，当相关问题业已解决，上访人已经认可解决状况并签署“息诉罢访承诺书”以及其他相关文件后，上访者仍经常摒弃原有承诺，进行新一轮的上访。由此看来，是否终止上访，最重要的因素不是相关利益是否已经满足，仍有其他原因推动了其继续上访意愿的形成。第二，长期上访行为的历时极长。对于这些长期上访者，上访的时间大多历经数年之久，在一些特殊的个例中，上访历程能够长达几十年。同时，上访出现了“传代”的现象，即上一辈的上访任务由其子孙后代继续完成，这进一步拉长了上访行为的纵向历时。第三，伴生“缠访”、“闹访”以及违规行政事件。长期上访行为通常和包括进京上访在内的越级上访、以“闹大”为特征的表演式上访、群体性事件乃至不同程度上的公共舆论危机等相互联系。换句话说，长期上访虽然不是“闹访”本身，但是会倾向于将“闹访”“缠访”作为策略增加自身在长期博弈中的砝码，从而为这些极端性上访创造可能性；此外，长期上访行为常常和部分基层政府的违规行政有着高度的相关性，这些现象危害了社会稳定。

可见，长期上访现象是一个值得研究和关注的议题。对于此话题，基本的问题在于，长期上访行为为什么会发生？这一现象的产生过程是怎样的？应如何看待这一现象并对其实现有效治理？

二、长期上访何以发生？一个文献综述

目前，学界对于上访行为的研究较多，但是关于上访行为的长期化，学者探讨的相对较少。有鉴于此，本文将与这一话题有关的观点都尽可能加以陈述。第一，强烈的谋利动机。田先红指出，专业上访户的出现证明了上访行为越来越具有明确的利益指向，“谋利性上访”成为一种主要形式（田先红，2010）。因此，长期上访行为或可被解释为部分个体在个人利益理性驱动下不断向国家索取不正当收益的结果。一些学者还指出，基层政权改革使得法治化进程不断“内卷化”，削弱了基层政权的治理能力，诱导了部分民众进行上访谋利（林辉煌，2013）。第二，依法抗争的转向。于建嵘认为，当前的抗争不断政治化，抗争者逐渐将自己的利益诉求表达为抽象权利，并且部分地对基层政权的正当性提出了一些质疑（于建嵘，2008）。第三，部分信访制度的具体制度特征。在严格的绩效考核下，激烈的、长期化的上访

行为能够让地方官员面临着更大的压力，民众由此倾向于持续上访，以求使得问题更加引起地方官员的重视（陈慧荣，2014）。类似的，海外学者Xi Chen的研究也部分支持这一观点（Xi Chen，2008）。而应星在其著名的大河移民上访研究中，通过翔实的田野调查也指出了制度的部分设计在一定程度上不能迅速和彻底地回应上访诉求，上访行为的时间从而延长（应星，2001）。第四，基层精英的外在动员。此种视角的研究主要关注了人的能动性层面。应星分析了“草根精英”这一群体在某些上访案件中的重要作用。据此，在一定的社会基础之上，部分基层精英能够将社会行动持续发酵，长期上访行为也得以产生（应星，2007a）。Lianjiang Li 和 Kevin J O'Brien 集中关注了上访群体中的领导者。他们认为这些领导者将民众的观点更清晰地加以表达并付诸实践，在一定程度上推动了上访的升级（Lianjiang Li and Kevin J O'Brien，2008），这显然包括上访行为的时间延长。第五，文化和伦理因素。一些研究提供了文化和伦理因素视角的解释。应星指出了中国传统中的“气”的概念对于上访行为的影响。“气”可以指人们蒙受不公的反作用力。上访者在认为自己蒙受冤屈之时，在“气”的作用下，往往能为了底线和尊严作出更为激烈的回应（应星，2007b），这势必造成上访行为历时弥久。而吴长青认为，上访领导者对于英雄主义的向往让他们对于信访行为进行持续动员（吴长青，2013）。

前人的研究提供了诸多启发，既有对上访现象内部因素的探讨，也有对上访行为的环境因素的论述；既涉及了结构层次，也涉及了行动者的能动性层面，这些研究也大致描绘了长期上访现象的全貌。但是，不难发现这些研究仍然存在着三点瑕疵：其一，相对缺乏专门化的解释。学界虽然很热衷于关注上访现象，并也提及了“上访老户”广泛存在的事实，但对于上访行为的较长的时间维度，却鲜有专门化的涉及，而对于这一话题进行的微观和深入探讨也为数不多。其二，一些研究观点是相互矛盾的。比如，以法抗争视角和谋利视角对于上访动机和长期上访户的形成逻辑就存在着十分明显的分歧。长期上访的动机是抽象权利还是具体利益，前人莫衷一是。这种不一致性亟须新的研究予以解决。其三，既有研究没有完全融入国家与社会关系的分析框架。根据信访制度的一般特征，上访及其治理显然反映的是政府领域和社会领域的互动，就此观之，上访行为的长期化反映的也是一种国家和社会关系的独特状态。以往研究有的从政府出发，自上而下地讨论信访制度为什么会导致上访行为在时间维度的延长，有的从社会领域的某个方面如草根精英出发，探索若干因素对于上访及其长期化的影响。但是，结合国家和社会两个层面的研究相对不多，而这也是本项研究所要力求融入的分析视角和逻辑。

因此，从文献综述出发，本项研究在实地调研的基础之上，将结合具体的长期上访案例，在国家和社会关系的视角下，专注于研究上访过程中的长时间维度现象。下文将首先阐述本文的核心框架，接着在展示案例的基础上对于此框架进行深入探讨，最后提出一些思考。

三、生活与政治的互嵌：理解长期上访行为的分析框架

本文提出“生活与政治的互嵌”一词，作为理解长期上访行为的分析框架。“生活与政治的互嵌”不是一种机械化的结构，而是一种政权和社会成员之间在互动过程中所表现出来的状态，其可以被定义和理解为，在国家和社会关系的视角下，政权积极参与社会生活的各个领域，社会生活亦紧密融合于政权，两者相互交错并长期呈现相互凝聚的状态和趋势。进一步来说，“生活与政治的互嵌”包含三个层面，即政权积极参与社会生活、社会生活融入政权、政权和社会生活相互依存性的再生产，下文将对其分述之。

1. 政权积极参与社会生活

政权积极参与社会生活是指政府主动改变社会成员的既有生活状态。传统意义上，政治学界较为推崇“政府—社会”的二元对立逻辑。这意味着，政治权力将会受到限制，它不宜也不能广泛介入社会领域，后者宜实行自治。这构成了教科书中的国家建构观的一个核心方面。然而，这种国家观更多符合于西方的国家建构发展经验，从宏观格局出发，中国不存在政府和社会的二元分化，而对于政府而言，政府既有义务也有能力介入社会成员的生

活领域。改革开放之后，国家领域和社会生活的界限逐步明确，但传统的遗产却并未衰退，政治领域对于社会生活的变革与发展仍然起着积极作用。此外，在“现代民族—国家”的理论视角下，当代全球范围内国家和社会结合的特征也进而影响到了中国的情境，为政府结合进入社会领域提供了空间、技术和物质资源（安东尼·吉登斯，1998a）。

2. 社会生活融入政权

这指的是社会成员拥有主动寻求政治领域进行帮扶的状态和倾向。传统的“父母官”观念依然影响着基层民众的思维，在这种观念之下，政府有义务回应民众的具体化要求（瞿卫东，2013）。而从普通人的角度出发，积极将生活融入政权，获得政权的认可，是实现利益和获得地位的途径（项飚，2010）。这种社会心态使中国的国家建设获得了强力的社会支持，但是也在一定程度上产生了一些“副作用”。现实生活中，一些民众特别是上访户要求政府事无巨细地加以回应，为治理进程增加负担。这种诉求既可能是出于利益目的谋利性诉求，也可能是出自一般化的社会和政治伦理。社会生活融入政权是促成“生活与政治互嵌”状态的中间环节，具体细节在下文的案例之中也会有所体现。

3. 政权和社会生活相互依存性的再生产

这一环节是上述两个环节的不断循环和相互催生。政权介入社会生活使得社会成员的诉求更倾向于靠政府来回应，而社会成员的诉求又让政府以干涉社会生活的方式去解决。最终的结果是，这两个环节形成了一个循环的体系，最终形成了“生活与政治互嵌”的状态。抽象意义上，初次上访的诉求在解决之后，上访行为即可宣告终止，但是在这两个环节不断循环的过程中，初次上访的诉求产生了雪球效应，刺激了更多方面的上访诉求的产生，上访行为便在时间维度中不断延长了，这在下文案例之中亦有所显示。

上文阐述了生活与政治互嵌的三个方面，这是本文对于长期上访的现象的集中解释路径。下文便对这一路径在某个案例之中进行呈现，从而还原其形成的实践过程，并将上述要素的现实运作描述出来。

四、“生活与政治互嵌”的现实呈现与运作：以一个多年上访案件为例

经验材料一般分为案例和数据两种，根据本文研究话题，展示案例是相对适宜的，因为本项研究提出的“生活与政治的互嵌”是一种在动态过程中的状态。由于数据分析依赖于静态的数理模型，直面复杂性和过程性的案例更适合于探析上访现象的动态演变。下文的案例主要对应了一个历经10年的上访事件，具体细节和情况来源于笔者进行的将近2个月的田野调查，在调查中，笔者通过对A街道办事处的参与式观察、访谈和文献搜集等多种方式获取了案例全貌，在此期间，笔者还尽量采用了“同吃同住同劳动”的人类学方式，以期从主观到客观、从宏观到细微理解把握所有情形，并在之后进行了回访和跟进。

在基层行政中，拆迁是经常可能引起上访的活动。张某某，女，时年60岁，其户籍地位于A街道办事处。她拥有两处房产，其中一处房产坐落于城中村，该区域房屋破旧，治安状况也较差。按照市政府的规划，该城中村应被拆除，所涉及的住户都会被给予金额不等的款额。张某某的上访行为就是在此背景下进行的。下文将展示本次上访的三个环节，这讲述了上访者和政府进行的三轮博弈。

（一）上访开始：政府介入生活与上访者的初次行动

按照拆迁区域的差异性，拆迁补偿款额也不尽相同。具体到张某某，她要求的拆迁款数额比规定的数额多出约2000元/平方米，张某某的理由是房产的“位置好”。但事实上，这样的要求不仅远高于其周围住户的所得，而且超出了政府和开发商的能力范围。而在张某某所在的小区，其他住户都已经原则上同意签约。随后，基层政府迫于上级政府压力，选择了强力推行拆迁计划，相应区域的房屋被拆除。在这之后，张某某并没有选择放弃利益主张。

张某某便在此背景下，于2007年进行了第一轮上访。为了解决这一问题，当地社区人员、街道办人员以及区级领导分别解释了拆迁补偿款的合理性。

在这一环节，政府在规划之下意欲拆除房产，这以相对直接的方式介入了民众的生活中来。而政府的介入和民众诉求之间产生了巨大分歧，在此背景下，张某某开始了她的上访行为，而为了尽可能争取利益，张某某采取了较为激烈的上访行为，这进一步引起了政府的关注。可以从中看到，政府一旦介入了民众生活，矛盾产生的民众利益诉求就需要政府回应，生活与政治开始初步相融。

（二）上访持续：策略主义治理与民众诉求的扩展

面对张某某的上访，政府高度重视。在一些敏感时期，基层政府人员经常选择在其楼道口轮班蹲守和跟踪生活的方式，保证张某某的行动在可控范围之内，乃至在张某某出门买菜和打麻将的时候，政府人员也必须派专人陪同。而在这之后，张某某上访的诉求相应越来越多，信访书中常常明确包含着对于政府阻碍其行动的不满，其新的上访诉求已经远远超过了初始的赔偿要求。

当地基层政府难以短时间内将这一问题彻底解决，只能采用一些非正式手段更多地介入张某某的生活。而最终的结果是张某某几乎对每一次政府介入其生活都进行了反馈，最终使得信访内容越来越多。整体来看，策略主义的治理逻辑让政府更进一步地介入民众的生活，而民众又进一步拓展了其对于政府的要求，政治和生活在这一阶段的联系更为紧密了。

（三）上访长期化：生活与政治的紧密互嵌

随着张某某的信访要求内容越来越多，政府需要“稳住”的方面也更为扩展，工作人员不得不采用了新的策略。

面对张某某的持续上访，政府不得不采用抚慰的策略。在一些政府领导的协调下，张某某的孙子被调整到了某重点中学的重点班以照顾张某某家人的情绪，关于张某某及其家人的生活，政府也多有照顾。即使张某某的家庭条件并不算差，但她依然成为该地区人大代表帮扶活动的对象。可是，政府对于张某某的帮扶也造成了新的难题。在诸多不满的基础之上，张某某上访的决心更加坚定，其利益诉求的内容不仅扩展，而且越来越细化，并将自己家人的生活难处归咎于当地政府。在不断的循环之中，张某某的上访已然历经10余年。

各种形式的“安抚”依然是策略主义行政的表现，当政府最终介入公民生活中包括子女入学等细节之时，公民也会相应地将自己生活中的诸多问题都与政府活动联系起来，并将这些问题作为新的上访内容，即使这些问题在一般情况下都是社会成员的“家务事”。此外，当生活融入了政治之后，张某某对于政府的消极情绪，也进一步被调动起来。如案例中表明的，对于政府的负面情绪和情感影响了普通公民的行为偏好、塑造了政治心态并起到内在激励和行为动员的作用，这造成张某某上访的主观意愿越来越强烈。最终的结果是，生活与政治再也分不开了，张某某在现实中试图进京上访20余次，上访也就历经了10年以上。“上访——策略化应对——进一步上访——进一步策略化应对”表现出了一个循环。

（四）小结：政治过程中的“生活与政治的互嵌”

上述案例丰富了对于“生活与政治的互嵌”框架形成过程的探讨，展现了政权介入生活、生活融入政权以及两个环节相互循环的过程。具体来看，政权介入生活是开始阶段，而生活融入政权是对于上一阶段的反馈，两个环节紧密结合则是内含于这一过程的趋势。

在此之外，上述案例也展示了促进这一状态形成的具体条件。这包括社会成员利益表达的具体化和政府的策略化行政。一方面，在上访过程中，社会成员表达的利益大多具体化。实践中，这些利益诉求经常是没有被整合和凝聚的，多数利益诉求涵盖了拆迁的赔偿、离职的安置甚至冬日取暖保障等，而且通常这些初始要求不一定能够在短时间内被解决。而从另一方面来看，在信访处理中，政府倾向于采用策略化的手段。这意味着政府经常使用多样化的、介入生活的方式去暂时“稳住”上访者，从而保证相应辖区内社会稳定的底线。

在这两种逻辑的共同作用下，社会成员的生活和政治权力被糅合起来。就基层政府而言，它必须通过干预社会成员生活的方式完成行政目标，使政府介入生活。就社会成员来说，其日常生活中的诸多事件必须包含着政府的介入，生活要融入政治。在不断循环的过程中，前文提出的“生活与政治的互嵌”便成为自然而然的状态。很有可能出现的结果是，上访者个人的生命维度有多长，政府权力作用的时间维度就要有多长，上访的纵向历时也要有多长。而中国特有的家族关系模式能够将这种上访行为进行代际之间的传递。因为，在中国家庭观念中，后辈通常被视为长辈生命的延续（滋贺秀三，2003），上一代的上访任务也因此留给了下一代，上访行为更加延长了。这种逻辑和过程如图 1 所示。

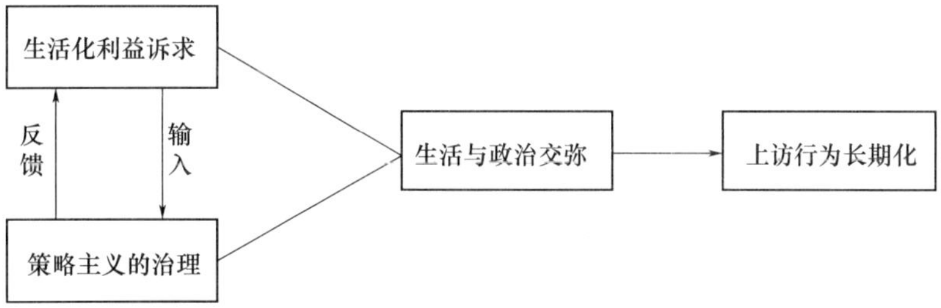

图 1　上访行为的逻辑和过程

图 1 反映了中国出现生活与政治互嵌及其催生的上访行为长期化的具体过程，这一过程虽然是根据张某某上访的案例得出的，是通过定性研究方式进行的理论生产。但是，定性研究经常被诟病的一点在于，它无法得出普遍化的结论，案例选取不是如同定量研究一样的科学抽样和统计推断，研究者无法判断总体的统计量特征。但尽管考虑到上述限制性条件，本项研究仍然希冀达到普遍性的解释力，克服定性研究既有不足的方案在于不断发掘案例之中的结构性因素并和已经承认的理论相互动。这种解决方案融合了当代社会科学发展中将个案不断拓展的逻辑。具体来说，“结构性”包含着“超时空”的因素，即可以超越案例本身所代表的时空场景的事物（安东尼·吉登斯，1998b），与结构性因素进行互动让案例有着更强的代表性，当一个案例之中包含着能够超越其案例所反映的场景的因素时，案例的推广性便得以

加强。而理论则表示着一种业已被承认的普遍性逻辑，当案例与理论进行互动时，其也就具备了推广和扩展的空间。

本文案例中涵盖的结构因素和理论成分具体在于：第一，就利益诉求的形式来说，生活化的利益表达是中国社会的常见现象。实际上，对于各种政体而言，利益表达的伊始大多都是具体化的。因此，这一现象具有了“超时空”的特性。第二，策略主义已然成为一种普遍接受的理论或分析框架，其存在的条件如压力型体制等也具备普遍性的分布。就此来看，本文的研究结论包含着较大程度上的可推广的空间。无论上访人的动机是“维权”“谋利”“斗气”抑或其他，只要他们倾向于表达具体的、生活化的利益诉求并且面对着基层政府的策略主义化治理的时候，“生活”和“政治”两个层面都会不断地互相嵌入，上访的长期化也就有可能发生。就此，本研究的结论都有普遍的适用性，长期上访人和国家的关系状态都有着一般化的互嵌性，即政权介入生活、生活融入政权，两者的紧密联系不断实现再生产。

五、长期上访的治理之策

对于上访者来说，长期上访意味着其自身诉求无法在较短的时间内有效解决，也经常使上访者的心理遭受挫折，减弱其对于基层政府的支持，并且这些人员将会有更多的可能性参与其他的抗争活动之中。而对于基层政府来说，“上访老户”的治理往往会成为首要任务，致使行政成本不断增加。

根据本文的结论，可行的治理之策就是调适政权与生活的关系。这里要强调的是，政权和社会生活互相嵌入是具有整体性的积极意义的，长期上访现象的形成只是其中的副作用。因此，改善之策并不是要打破政权与社会生活紧密融合的格局，而是对其不断优化，减弱其消极影响，扩展其积极作用。

鉴于长期上访的弊端，未来应对这一现象进行有效治理。但是在目前的条件下，以“毕其功于一役”的方式解决上访和长期上访问题是不太现实的，因为这无疑涉及了政府和社会权力资源配置状态的大规模变革。而根据本文的上述分析，可行之策在于不做大规模变革的前提之下，调整“生活与政治的互嵌”状态生成的空间，这包括以下三个方面。

首先，凸显中国特色社会主义法治和协商的精神。未来的发展方向在于政府应趋向以法治的方式介入社会。规则化和法治化背后是利益平衡的结构与边界。政府在介入社会过程中遵循法治思维实质上是对于既有社会利益格局的尊重。除此之外，政府介入社会的合理性还在于同民众进行沟通和协商，鼓励后者的参与，从而使变化过程得以平衡和调适（方军，2012）。上述两方面能够在一定程度上降低社会利益格局变动的程度，上访行为出现的可能性便会减少。

其次，适当强化和保持基层政府权威。长期上访现象存在的重要成因就是政府的策略化行政，这反映着政府面对部分不合理表达利益诉求时的无力。实践中，“稳住”“哄”等以非正式化手段息事宁人的方式反映的是基层政府在一定情况下权威不足的事实。考虑此种情况，应该适当保持基层政府在应对社会诉求的权威性，强化基层政府的治理能力，使其在面临大量无序生活化诉求的时候拥有保持合法合理裁断的能力，从而阻断无序生活化诉求挑战政治秩序的可能。

最后，增强政府和社会之间的过渡性。未来应加强政府和社会之间的弹性，从而相对地使生活和政治脱嵌。在这方面，可以尝试引入第三方力量。这种力量既可以是以公益为根本目的、兼顾盈利目标的社会组织，也可以是政府下属的事业性单位，其主要功能可以概括为“中介”或“过渡”。具体来说，它一方面将民众的生活化利益表达加以整合和凝聚，从而首先将其相对不合理或明显在短期内难以满足的要求剔除或修正；另一方面，政府可以通过此种类型的组织完成大量的、艰难的治理任务，从而减少了直接面对公众的可能，也就无须被迫用策略主义的方式，长期上访现象产生空间就被压缩了。

上述的讨论是基于学术视角进行的，它们指出了未来的大概发展方向。以此，政府与社会的关系便会实现法治化且充满弹性和韧性，并进一步融入“合作化治理”“协同治理”等的色彩，使社会风险在多个主体之间得以有效分担。这不仅是现代治理浪潮下，政府和社会改革的一般趋势，亦是党和国家所提出的战略愿景。

六、总结与思考

在当代的信访治理活动中，“上访老户”已然成为一种值得关注的现象，并成为基层治理中难以解决的症结。在既存文献的基础上，本文集中关注了上访行为长期化的现象。通过对一个长达10余年的上访案例的描绘。本文发现，“生活与政治的互嵌”成为理解这一现象的重要逻辑。这一逻辑反映的是一种状态，其重要理论背景是“国家—社会关系”视角。“生活与政治的互嵌”包括政权积极参与社会生活、社会生活融入政权、政权和社会生活相互依存性的再生产这三个方面。通过一个10余年上访的案例可以发现，民众的生活化利益表达和政府的策略主义化治理融入于“生活与政治的互嵌”的动态产生过程之中。在这种状态之下，上访者的个体生活持续多久，政府对其的回应就倾向于持续多久，上访的内容也会不断增加这些生活化选项，最终的时间长度可能会达到数年甚至数十年。而鉴于中国民众通常将后代视为自身生命的延续，子代父上访等“传辈”现象也就得以发生了，这将上访行为进一步延长。

本文为解决长期上访问题提供了一定的对策性探讨。本文提及的三个发展趋势直接源自经验，属于结合理论和现实的中观化建议，这凸显了本研究的应用价值。在基层信访工作中，一项普遍性的事实在于，处理长期上访案件总是居于“中心工作”的位置，成为基层政府优先考虑的重点。据此，本文虽然着眼点较为细致入微，但也为优化治理格局的探讨提供了一些思路。或可预见，在社会主要矛盾已经转化为人民日益增长的美好生活需要和不平衡不充分的发展之间的当代中国，把合作化治理、多中心治理的现代思路融入信访工作的优化之中，能够更进一步贯彻“为人民服务”的行政理念，诚心诚意为老百姓解难事、办实事、做好事，让人民群众有更多获得感、幸福感、安全感。

参考文献：

田先红，2010，《从维权到谋利——农民上访行为逻辑变迁的一个解释框架》,《开放时代》第6期。
林辉煌,2013,《法治的权力网络:林乡派出所的警务改革与社会控制(2003—2012)》,华中科技大学博士学位论文。
于建嵘,2008,《当代中国农民的“以法抗争”——关于农民维权活动的一个解释框架》,《文史博览(理论)》第12期。
陈慧荣,2014,《信访制度绩效与上访策略升级》,《上海交通大学学报(哲学社会科学版)》第3期。
Xi Chen. 2008. “Collective Petitioning and Institutional Conversion”. In Kevin. O'Brien, Popular Protest in China, Cambridge: Harvard University Press.
应星,2001,《大河移民上访的故事》,生活·读书·新知三联书店。
应星,2007,《草根动员与农民群体利益的表达机制——四个个案的比较研究》,《社会学研究》第2期。
Lianjiang Li and Kevin J O'Brien. 2008. Protest Leadership in Rual China, The China Quarterly.
应星,2007,《“气”与中国乡村集体行动的再生产》,《开放时代》第6期。
吴长青,2013,《英雄伦理与抗争行动的持续性——以鲁西农民抗争积极分子为例》,《社会》第5期。
[英]安东尼·吉登斯,1998,《民族—国家与暴力》,胡宗泽等译,生活·读书·新知三联书店。
瞿卫东,2013,《民众“青天”情结与当代法官角色的悖离》,《暨南学报(哲学社会科学版)》第9期。
项飚,2010,《普通人的“国家”理论》,《开放时代》第10期。
[日]滋贺秀三,2003,《中国家族法原理》,张建国、李力译,法律出版社。
[英]安东尼·吉登斯,1998,《社会的构成》,李康、李猛译,生活·读书·新知三联书店。
方军,2012,《公众参与、社区治理与基层党政关系——以“铜陵模式”为例》,《学术论坛》第6期。

The Embeddedness of Life and Politics: the Logic of China's Long-term Petition

——Based on Analysis into A Petition Case of Many Years

Bao Hanchuan

Abstract: The phenomenon of long-term petition has posed a challenge to grass-roots governance, and existing studies have failed to pay attention to its formation mechanism. Long term petition originates from the phenomenon of "mutual embeddedness of life and politics", which includes three aspects: the intervention of political power in life, the integration of life into political power, and the reproduction of interdependence between political power and life. Through a case of petition for many years, we can find that the formation of the state of "mutual embeddedness of life and politics" is highly related to citizens' expression of relatively specific interests and strategic administration. This makes the demands of the petitioners more and more, expands the initial petition content, and finally extends the citizens' petition behavior in the individual life dimension. Future governance strategies include promoting the rule of law and consultation between government and society, appropriately strengthening and maintaining the authority of grassroots government, and enhancing the transition between government and society.

Keywords: Public Complaints, Petition for Many Years, Relations Between the State and Society, Grassroots Governance

学术前沿

小事不出『格』，大事不出『网』：新时代『枫桥经验』数字化发展中的机制创新

刘　冰　陶海青

在线教育发展的风险与治理研究

安丽娜

小事不出“格”，大事不出“网”：新时代“枫桥经验”数字化发展中的机制创新[*]

□ 刘 冰 陶海青[**]

摘要： 新时代“枫桥经验”在数字化背景下要求做到“小事不出格，大事不出网”。“事不出网”本质上是要防范矛盾上交、风险外溢，实现这一目标必须借助数字化社会治理平台建设的契机，融合技术手段、重塑基层社会治理机制。与数字技术的应用相适应，基层社会治理的整合机制、运行机制和协调机制不断调整创新。整合机制由党建引领实现资源整合，主要解决资源统筹、体系设计的问题；运行机制着眼于处理基层社会治理中的常规性、简单性的日常事务，形成了以矩阵式虚拟联结的整体性治理；协调机制着重解决涉及多部门的突发性、复杂性问题，“吹哨报到”提高了部门协调能力，而“五社联动”提高了与社会力量的协调能力。但是，以数字化和网格化为依托的精细管理与群众自治之间存在张力，新时代“枫桥经验”的数字化还需要进一步发挥数字技术支撑群众参与的功能，建构与群众数字化参与相适应的积分、信用、评价等治理机制，助力社会治理共同体的形成。

关键词： 新时代“枫桥经验” 化解社会矛盾 数字化发展 机制创新 基层社会治理

* 基金项目：国家社会科学基金重大项目“健全党组织领导的自治、法治、德治相结合的城乡基层治理体系研究”（项目编号：21ZDA109）。

** 刘冰，北京师范大学社会学院副教授；
陶海青，杭州市萧山区之江智慧场景研究中心主任。

“枫桥经验”是党领导人民创造的一套行之有效的基层社会治理方案，主要是一种预防化解矛盾的经验，最脍炙人口的表述是“小事不出村，大事不出镇，矛盾不上交”，在各个时期的基层社会治理中都取得显著成效（汪世荣，2018）。通过与网格化治理和数字化技术的叠加，“枫桥经验”在新的治理环境和手段下演化为“小事不出格，大事不出网，矛盾不上交”。国家在加强数字政府建设的过程中，尤其强调“坚持和发展新时代‘枫桥经验’，提升网上行政复议、网上信访、网上调解、智慧法律援助等水平，促进矛盾纠纷源头预防和排查化解”（中国政府网，2022）。

新时代“枫桥经验”的数字化发展不仅是技术手段的简单叠加，还代表着“技术—社会互动”而产生的社会治理机制创新。数字化技术的应用是一种社会变革力量，而只有实现了相应的制度设计、机制构建以及相应的组织重塑才能真正发挥“枫桥经验”和现代技术的深度融合，并最终导向社会治理的现代化。现有研究对技术赋能进行了较多的探讨，且重点关注数字政府，对基层数字治理的研究还处于起步阶段。本文侧重于新时代“枫桥经验”数字化创新带来的机制改革效应，侧重于数字技术在城乡基层治理中的延伸，进一步讨论了技术与机制相互赋能的未来发展方向。

一、新时代“枫桥经验”数字化发展的实践逻辑

新时代“枫桥经验”的数字化发展、基层社会治理多向度进展的交汇、柔性的“枫桥经验”、精细的网格化管理、先进的数字技术构成了新时代“枫桥经验”创新的实践基础。

（一）新时代“枫桥经验”

“枫桥经验”跨越历史60年，是在继承与发展、“变”与“不变”中辩证发展的60年。不变的是精神实质，变化的是功能延伸、领域拓展和方法创新。在60年中，“枫桥经验”始终是党领导人民创造的基层社会治理的成功典范，其精神实质始终是以人民为中心，发动和依靠群众就地化解基层社会矛盾。人民主体是“枫桥经验”的核心价值。

随着中国特色社会主义进入新时代，我国社会主要矛盾已经转化为人民日益增长的美好生活需要和不平衡不充分的发展之间的矛盾。实现好、维护好、发展好最广大人民的根本利益要求更好地激发群众积极性，实现人民群众的自我服务和共同治理。“枫桥经验”与新时代国家治理现代化的要求具有内在契合性（高铭暄、傅跃建，2022），因而仍然具有强大的生命力。

与社会主要矛盾转化的背景相适应，新时代“枫桥经验”在国家治理现代化目标的推动下不断创新发展。在基本功能方面，“枫桥经验”从定分止争发展到构建社会治理共同体，不仅要求“矛盾不上交”，还要求“平安不出事，服务不缺位”；在作用领域方面，“枫桥经验”早已不局限于政法综治领域，而成为新时代践行党的群众路线、推进基层治理现代化的普遍经验（王昌荣，2018）；在实践方法上，“枫桥经验”从原来的基层调解发展为一整套自治、法治、德治相结合的科学方法体系。

（二）网格化管理

网格化管理由北京东城区首创以来已在全国城乡区域推广，日益成为国家进行基层社会治理的重要工具。网格化管理以网格为依托实现多层级和多功能整合，在责任落实、资源整合、精细化治理和精准化服务方面展现出强大效能，很大程度上解决了备受诟病的管理碎片化问题，从城市管理发展到管理与服务并重，被视为政府管理流程上的一个重大变革和突破（竺乾威，2012）。

网格化管理的实际运作流程由信息收集、任务派单、处理反馈等构成问题处理的闭环运行系统。早期的网格化管理侧重于城市部件管理，逐步发展到市容环卫、城市管理、交通管理以及基层警务等各个方面的“全科网格”。随着网格化管理在全国的推广，预防和化解社会矛盾的任务也逐渐落实到网格之中，在化解基层矛盾、维护社会稳定方面发挥出重要作用。

网格化管理经验形成之初是高度依赖信息技术和社会力量的，但是在发展过程中，技术理性逐渐处于主导地位，而社会力量的作用有所退化，在行政主导和基层自治之间产生张力（田毅鹏、薛文龙，2012），越发精细化的政府管理行为限制了基层自治主体的能动性和自发性，基层自治组织也表现出“类行政化”的倾向（余钊飞、林昕洁，2022）。这种状况不仅不利于基层社会矛盾感知和化解，也内在地偏离了治理现代化的方向，亟待以激发社会活力为导向的更新发展。

（三）数字技术

数字技术是互联网、大数据、云计算、人工智能、区块链等技术的统称，具有创新活跃、要素密集、辐射广泛等特征（谭日辉，2022）。在网络强国战略的倡导下，我国实施“互联网＋基层治理”行动，不断拓展应用场景（中国政府网，2021），并明确提出要与网格化管理结合起来，[①] 基层治理平台逐步生成了虚拟的“孪生”网格，成为现实网格的虚拟映射。数字社会可感知、可计算、高度透明、深度互通互联等特征渐次显现（汪玉凯，2018）。

数字技术为解决基层问题和化解基层矛盾提供了高效精准的技术手段。一窗受理、一键投诉、闭环处理、在线调解、诉调对接等都体现了技术赋能的显著成效。然而，技术赋能并不会自然而然地发生，而是与背后的机制构建相互作用、相互适应的结果。理解新时代“枫桥经验”的数字化创新，就必然要深入理解机制构建的过程，总结机制构建的一般性规律并加以推广应用。

二、新时代“枫桥经验”数字化发展的机制构建

新时代“枫桥经验”数字化发展要求技术与机制的相互适应、相互赋能。具体而言，“枫桥经验”数字化发展背后的机制创新至少包括三种关键机制：整合机制、运行机制和协调机制。

（一）整合机制：党建引领的资源整合

基层社会问题的复杂性决定了多元主体和多方资源整合的必要性。在我国完善基层社会治理的改革进程中，党建引领已成为推动多方主体协同共治

① 《中华人民共和国国民经济和社会发展第十四个五年规划和2035年远景目标纲要》明确提出要“构建网格化管理、精细化服务、信息化支撑、开放共享的基层管理服务平台”。

和实现资源整合的重要制度安排（黄晓春，2021）。党组织自身既是治理主体，同时又激发内生活力的模式被归纳为“统合治理”（何艳玲、王铮，2022），以其政治权威性有效克服科层制中惰性和部门局限性。

尽管新时代“枫桥经验”作用的场域主要在基层，但是“枫桥经验”的数字化发展及所需资源需要在更高的层次上完成统合。从领导机构上看，不少地方都设置了数字化平台建设的领导小组，通过“高位推动”的方式加强总体设计和资源整合。在实现方式上，主要是在区县、镇街层级建设“一站式”社会矛盾纠纷调处化解中心，融合综治中心、信访接待中心、公共法律服务中心、行政争议调解中心、诉讼服务中心、检察服务中心、政务咨询投诉举报平台等，集信访调处、矛盾调解、仲裁、诉讼、法律援助、困难帮扶、民政救济、司法救助、心理安抚等功能于一体。

线上平台的效能发挥高度依赖于运行数据的质和量。数字化社会治理的第一步要求将治理相关数据进行归集，实现社会治理数据的统盘、统管、统用。“枫桥经验”的数字化发展不仅要求将政法领域的数据打通，还需要与城市管理等系统实现互通互联。在“数字法治”的视野下发展新时代“枫桥经验”，党组织统合下完成公安、检察、司法、信访、执法等部门数据的整合，同时也鼓励各个领域的应用场景创新。

线下治理对人力物力等有形资源的需求急剧增长。在社会治理重心下移的总体战略下，地方采取各种方式推动资源向基层下沉，公安、城管、市场监管、司法、交通、环保、人社、法庭、税务、住建、应急等多个职能部门的专业力量纳入镇街日常管理和监督考核。这些制度设计推动了基层社会治理资源的充实和共享。

（二）运行机制：矩阵式整体性治理

数字化背景下，基层社会治理迈向整体性治理模式。这种模式是由“基于需求的整体主义”决定的（Dunleavy，P.，H. Margetts，S. Bastow and J. Tinkler，2006），办好“一件事”、“一窗受理”、“最多跑一次”等面向用户整合需求的改革不仅要求数据的全面整合以及系统的全面对接，其背后的治理主体需要更多的跨组织交互。从纵向看，市、区、街道、社区形成执行矩阵，构建了镇街、村社、网格“防控、执法、共治”三级联动圈；从横向看，不同部门形成业务矩阵，与“枫桥经验”密切相关的部门涉及公安、监察、司法、信访等职能部门之间的合作。具体到社会矛盾纠纷调解方面，纵横交错矩阵式体系也逐步成熟：纵向上由镇、单位、村、组构成“四级联调”，横向上由人民调解、行政调解、司法调解“三调联动”。

这种矩阵结构是网格化管理传统在虚拟空间的反映。基层治理网络本身具有整合性质，资源下沉和统合都落到了网格单元上。网格成为感知社会问题和服务群众的末端，其背后解决问题的过程则牵涉多部门的联结。数字化技术提供了更加高效的联结机制，大量社会基层治理事务通过数字化平台实现自动流转，基层社会治理主体虽然仍然具有明确的组织边界，但是在数字技术的联结下已经形成了整体联动的虚拟组织结构。这种组织的“再整合”对于解决基层治理碎片化问题至关重要。

基层治理主体的虚拟联结要求相应的整体性运行机制，这种机制的形成通常需要市域或省域层面的总体设计。如浙江省统筹推进“一中心四平台一网格”，构建了业务协同、指挥研判、督查考核等环节标准化的运行机制。[①]其中，“一中心”是指社会矛盾纠纷调处化解中心；基层治理“四平台”包括综治工作、监管执法、应急管理、公共服务，并设置党政综合业务模块，发挥其在基层治理中的主干功能和枢纽作用；“一网格”即全科网格。通过这种总体设计，基层社会治理的日常运行机制保持畅通，可以处理大部分基层治理事务。

（三）协调机制：部门协同和社会吸纳

特定问题处置和特殊矛盾化解通常需要多部门协调，在功能上相互配合，在程序上前后衔接。尽管在“互联网 + 基层治理”的发展中，碎片化治理的难题有所缓解，但是条块分割下的“合作行动困境”依然存在，主

① 浙江省“基层治理四平台”建设领导小组办公室于 2019 年 9 月发布《浙江省“基层治理四平台”数字化应用建设指南》，作为基层治理四平台建设的标准化指导文件。2021 年 9 月，“基层治理四平台”实现迭代升级，将原有的综治工作、市场监管、综合执法、便民服务四个平台调整为综治工作、监管执法、应急管理、公共服务四个平台，并增设党政综合业务模块。

要表现在基层治理力量薄弱，难以协调调动多部门解决问题，出现了基层问题治理中特有的“看得见，管不着；管得着，看不见”的错位现象。

北京市首创的“街乡吹哨，部门报到”机制在以问题驱动的部门快速协调上实现突破，重塑了传统科层制下的条块关系，由街乡社区行使召集权，各部门集中“报到”，协同解决问题（王欢欢、朱旭东，2021）。明确“街乡吹哨”，奠定了治理重心下移的组织基础；要求“部门报到”，完善了高效协调的工作机制（宋贵伦、丁元竹，2019），实现了基层组织的扁平化管理和跨组织的弹性组合。“吹哨报到”将“条块分割”转变为“条抓块统”，在快速召集、现场协调方面表现出强大优势，并进一步发展为“接诉即办”的快速响应机制。一些地方则实行“网格联席会议制度”，也是实现部门协同的有效方式。

基层社会治理还需要协调政府和社会的关系。矛盾预防越是靠近源头，越需要发挥社会力量的作用，特别是在非诉讼纠纷解决实践中，村社能人、专业工作者在矛盾纠纷的过滤、甄别、分流、引导上具有前端预防作用。基层矛盾纠纷调解将律师、退休法官、行业代表、心理咨询师等吸纳为诉前特邀调解员。在基层社会治理方面，社会力量参与由原来的“三社联动”扩展为“五社联动”，通过“完善社会力量参与基层治理激励政策，创新社区与社会组织、社会工作者、社区志愿者、社会慈善资源的联动机制”（中国政府网，2021）。“社会协同”在基层社会治理体系中的作用更加突出。

三、发展方向：回归以群众为主体的共建共治共享

如前所述，现实中的网格化管理和群众自治表现出张力，网格管理越精细，群众参与的空间似乎越局限。这种张力本质上反映的是政府和社会边界的问题，而不是数字技术与治理主体之间的张力。数字技术实际上具有中立性，既可以为社会管理赋能，也可以为群众参与赋能。而新时代“枫桥经验”最宝贵的价值是依靠群众、发动群众，从这个意义上讲，“枫桥经验”的数字化发展要更加偏重于为群众赋能，激发群众的主体性和能动性。

数字技术和网格化管理的叠加不仅不排斥群众参与，还完全可以提升群

众参与的效能。实践中最为明显的数字化社会问题反馈机制，群众通过移动端的基层治理应用或小程序，及时便捷地向“上”反映问题并寻求帮助。这种问题反馈机制打破了传统意义上的“网格员”概念，实际上，只要拥有一部智能手机，人人都可以成为“网格员”。此外，全国多地还通过打通市民热线、举报热线、网上信访等条线数据构建更加全面的民意感知系统。群众在社会监督、问题感知方面成为重要的行动主体。

然而，在依靠群众和其他社会力量解决社会问题方面，数字化创新的进展相对缓慢。技术应用为发现和报告问题提供了通道，但是花费时间和精力去处置问题需要合适的激励，有时甚至还需要制度赋予其合法性。现有的尝试是在现有的基层平台上嵌入积分机制，以社会服务换积分，以积分兑换服务，鼓励人人贡献，互助共享资源（刘冰、吴晓丹，2022）。积分机制已经在邻里守望、社区互助、平安巡防等领域发挥作用。

积分或类似的信用机制还可以激发志愿者、专业工作者和社会组织参与社会治理和化解社会矛盾。比如，新冠肺炎疫情期间，在线调解加速发展，对在线调解员的需求大幅增长，律师等专业人才加入在线调解，形成多元参与的格局。

激发社会活力和保持社会秩序的平衡是社会治理创新中的一般性命题，在“枫桥经验”数字化发展中同样存在。普通群众和其他社会力量深度参与社会治理，在行为规范、社会信任方面仍需要制度约束。因此，与积分或信用机制相配套的机制设计则包括准入和退出机制、评价机制、奖惩机制等保障社会力量参与的规范性和实效性。

四、结语

“小事不出格，大事不出网”是新时代“枫桥经验”的数字化版本，是与我国基层社会治理中的网格化管理和数字技术融合的创新发展成果，是一个“技术—社会互动”的螺旋式上升过程。数字技术在基层社会治理体系中的嵌入成为变革的驱动力，为基层的整体性治理提供了技术手段，也提出了迫切要求，实质是将碎片化的多元主体实现“再整合”。数字技术不会自发地产生治理效能，需要背后的机制重塑。

与数字技术的应用相适应，基层社会治理的整合机制、运行机制和协调机制不断调整创新。整合机制由党建引领实现资源整合，主要解决治理资源统筹、治理体系构建的问题，基层创新实践表明，社会治理数据向基层矛调中心归集为预防和化解社会矛盾奠定基础；运行机制着眼于处理基层社会治理中的常规性、规范性的日常事务，目前以矩阵式虚拟联结的跨组织关系为主要模式，符合整体性治理的要求；协调机制着重解决涉及多部门的突发性、复杂性问题，“吹哨报到”提高了部门协调能力，而“五社联动”提高了与社会力量的协调能力。

在数字化创新发展的过程中，新时代“枫桥经验”的内涵和外延不断丰富深化。“矛盾不上交、平安不出事、服务不缺位”远远超越了传统的将“枫桥经验”局限在定分止争的定位，防风险、保平安、强服务成为基层社会治理的综合目标，都可以采用发动和依靠群众的方式实现共治。因而，新时代“枫桥经验”也在更加广泛的基层社会治理领域发挥作用，成为基层社会治理的基本经验。

最后，高度的数字化和严密的网格化在提升政府治理效能的同时，也可能存在挤出群众参与的风险。新时代“枫桥经验”的发展方向要注重消除这种张力，回归以群众为主体的共建共治共享，挖掘数字技术支撑群众参与的潜力，通过积分、信用、评价等激励约束机制促进人人有责、人人尽责、人人享有的社会治理共同体的形成。

参考文献：

汪世荣，2018，《枫桥经验：基层社会治理的实践（第2版）》，法律出版社。

中国政府网，2022，《国务院关于加强数字政府建设的指导意见》，http://www.gov.cn/zhengce/content/2022-06/23/content_5697299.htm，6月23日。

高铭暄、傅跃建，2022，《新时代“枫桥经验”与国家治理现代化：内在逻辑与实现进路》，《上海政法学院学报》第4期。

王昌荣，2018，《新时代“枫桥经验”的深刻意蕴——赴诸暨蹲点调研报告》，《浙江日报》6 月 11 日。

竺乾威，2012，《公共服务的流程再造：从“无缝隙政府”到“网格化管理”》，《公共行政评论》第 2 期。

田毅鹏、薛文龙，2012，《城市管理“网格化”模式与社区自治关系刍议》，《学海》第 3 期。

余钊飞、林昕洁，2022，《乡村治理的“枫桥经验”数字化重塑模式研究》，《浙江工业大学学报（社会科学版）》第 1 期。

谭日辉，2022，《以数字技术提升基层治理精细化水平》，《光明日报》5 月 25 日。

中国政府网，2021，《中共中央 国务院关于加强基层治理体系和治理能力现代化建设的意见》，http://www.gov.cn/zhengce/2021 - 07/11/content_5624201.htm，7 月 11 日。

汪玉凯，2018，《智慧社会与国家治理现代化》，《中共天津市委党校学报》第 2 期。

黄晓春，2021，《党建引领下的当代中国社会治理创新》，《中国社会科学》第 6 期。

何艳玲、王铮，2022，《统合治理：党建引领社会治理及其对网络治理的再定义》，《管理世界》第 5 期。

Dunleavy, P., H. Margetts, S. Bastow and J. Tinkler (2006). “New Public Management Is Dead—Long Live Digital - Era Governance.” Journal of Public Administration Research and Theory 16 (3).

王欢欢、朱旭东，2021，《“互联网 + 社区治理”模式的执行限度与优化路径》，《长白学刊》第 6 期。

宋贵伦、丁元竹，2019，《党建引领：吹哨之源与报到之本——北京城市治理创新实践研究》，《前线》第 4 期。

中国政府网，2021，《中共中央 国务院关于加强基层治理体系和治理能力现代化建设的意见（2021 年 4 月 28 日）》，http://www.gov.cn/zhengce/

2021 -07/11/content_ 5624201. htm，7 月 11 日。
刘冰、吴晓丹，2022，《数字技术与机制创新双向赋能的城市社区有机更新》，《社会治理》第 4 期。

Small Disputes Treated Within Gird, Big Disputes Within Net: Mechanisms Innovation of Fengqiao Experience's Digital Development in a New Era

Liu Bing　Tao Haiqing

Abstract: The digital age requires Fengqiao Experience for the new era to achieve the goal of "small disputes treated within gird, big disputes within net". This goal essentially aims to prevent conflicts from upward referrals and risk spillovers. To reach the target, it is necessary to integrate technical approaches and reform the governance mechanism of grassroots society in the context of constructing digital social governance platform construction. On account of the application of digital technology, the integration mechanism, operation mechanism and coordination mechanism of grass-roots social governance have been constantly adjusted and innovated. The integration mechanism refers to the resources integration under the guidance of Party Development. It mainly solves the problems about overall resource planning and system design. The operating mechanism focuses on elementary daily routine in the grass-roots social governance, initiating the holistic governance with matrix virtual connection. The coordination mechanism lays emphasis on solving sudden, complex problems involving multi-sectors. "Whistle-Assemble" model has strengthened the cross-functional coordination ability, also "Five-elements Linkage in Community" has improved coordination with social forces. However, there is a gap between digital gridding-based delicacy management and residents´ autonomy. The digitization necessitate by Fengqiao Experience in the new era still expects digital technology to play a role of supporting public participation. It is also required to construct governance mechanism such as credit and evaluation mechanism, in accordance with public digital participation, to boost the formation of social governance community.

Keywords: Fengqiao Experience in A New Era, Social Disputes Management, Digital Devel Opment, Mechanism Innovation, Grass-roots Social Governance

在线教育发展的风险与治理研究*

□ 安丽娜**

摘要：在线教育是新时期技术与教育相结合的产物，极大地推动了我国教育信息化与教育现代化的进程。在线教育高速发展的进程中，出现了受资本裹挟而折损教育公益性、加剧教育焦虑、侵犯消费者合法权益、教育质量无法保障以及过度收集个人信息等失范行为，亟须有效监管。“双减”政策出台背景下，在线教育行业的一些乱象得到及时整治，但在线教育行业依然面临着诸多挑战和风险。未来应在考量在线教育的功能定位、在线教育新业态发展与规范之间的平衡等因素的基础上，以公益性为前提构建在线教育法律制度，通过完善在线教育立法，坚持“包容审慎”开展教育新业态的治理，构建多元治理机制来推动在线教育的风险治理。

关键词：在线教育　监管依据　监管方式　监管革新

回溯人类教育的发展历程，亦是受技术变革影响而进行重大调整的过程，科技和教育彼此影响、相互促进。信息时代的到来，以互联网、云计算、大数据为核心的现代信息技术，实现了人与人、人与机器之间实时信息沟通与传递，人类又一次站在了重塑教育未来的重要关口（张杰夫，2015）。在线教育作为现代信息技术与教育相结合的产物极大地推动了我国

---

* 本文为全国教育科学“十四五”规划教育部青年项目“民办教育投融资法律制度研究”（项目编号：EAA210395）的阶段性成果。

** 安丽娜，首都师范大学政法学院法律系讲师，硕士研究生导师。

教育信息化与教育现代化的进程。2020 年新冠肺炎疫情暴发之后，在线教育成为落实“停课不停学”政策的强大支撑，同时也迎来了历史性的发展机遇，在短时间内实现了全国范围的普及与渗透。用户规模的激增，再次吸引了资本市场的涌入，在线教育进入爆发式增长期。面对大数据、人工智能等新技术与教育融合而形成的在线教育，如何有效规范与引导，成为教育强国建设背景下国家与社会关注的重心。

2021 年 7 月，中共中央办公厅、国务院办公厅发布了《关于进一步减轻义务教育阶段学生作业负担和校外培训负担的意见》（以下简称“双减”），对中小学生的作业时间、考试安排、培训机构办学等各方面进行了严格规定。“双减”政策出台的重要动因在于大量校外学科培训被异化为功利性应考工具，造成了超标超前学习、学业负担过重等影响学生学业和身心发展的问题（马开剑、王光明，2021）。在线教育作为校外培训的重要组成部分，亦成为“双减”政策规制的重要目标。本文在梳理在线教育发展过程中引发的风险的基础上，结合“双减”政策的出台与实施，分析新时期在线教育治理面临的风险。

一、在线教育发展过程中引发的风险

在线教育突破时间、空间限制，实现教学资源线上共享，为疫情时代的教学带来极大便利，加速了我国教育信息化的进程。在线教育具备促进教育普惠、实现个性化教学、实现科技赋能教育等种种优势，而其发展过程中引发的问题也冲击了教育的公益性，亟须监管跟进。

（一）折损教育公益性

由于教育的特殊性，教育行业长期以来被标注为“慢艺术”，而资本追求的则是效率。当互联网与教育相融合，教育产品创新、更新迭代的速度加快。在线教育的发展复制照搬其他互联网行业“烧钱”“补贴”等跑马圈地式的发展路径，一味强调资本扩展的同时也背离了教育的初心。2020 年，在线教育行业融资规模超过百亿美元，不仅达到行业高点，也超越共享单车、新零售等其他互联网领域融资记录。在线教育的发展试图通过源源不断的资本集聚的方式来实现可持续发展，在忽略了教育目的与教育规律的前提下受资本的裹挟一路狂奔，一味追求“资本的逻辑”而忽视了“教育的逻辑”，极大地折损了教育的公益性。

（二）加剧教育焦虑

根据2018年智课教育联合新浪教育发布的《2018中国家长教育焦虑指数调查报告》显示，68%的中国家长为孩子教育感到焦虑（智课教育家长成长研究院，2018）。教育焦虑盛行背后的重要原因之一是迅速成为新产业链的校外辅导机构对家长教育焦虑的推波助澜，甚至可以说有相当数量的社会辅导机构恶意地利用了家长的教育焦虑，使得原本可以理解的教育焦虑上升为一种“教育恐慌”（杨小微，2019）。在线教育亦是加剧教育焦虑的重要推手，2020年，在线教育已成为继电商、游戏之后主流平台的第三大广告主，令人目不暇接的在线教育广告密集地出现在大众生活的各类场景中。为了博取关注或者赚取点击量，在线教育广告虚构故事、制造紧张情绪，加剧了家长的教育焦虑。同时，在线教育广告中出现的夸大宣传培训效果、夸大宣传师资力量、以学生或演员冒充老师进行宣传等违反《中华人民共和国广告法》的行为也亟须治理。

（三）侵犯消费者合法权益

处于野蛮生长期的在线教育，出现个别企业以牺牲消费者的合法权益方式，一味地寻求可以实现其规模扩张与流量获得的行为。以互联网的形式提供教育服务，增强了教育培训市场的信息不对称，加之在线教育的广告与营销手段套路叠加，通过捏造事实、虚假宣传的手段来诱导消费者进行消费，侵犯了消费者的知情权。各类在线教育机构均采用预付费方式收取学费，预付费模式之下的消费者面临退费难、在线教育机构“卷款跑路”、维权难等多重风险。

（四）教育质量良莠不齐

由于在线教育准入制度不完善，监管层面对于在线教育相应资质的要求并不明确，导致良莠不齐的各类机构纷纷涌入在线教育市场。盲目扩张的在线教育机构通过降低师资招聘标准来满足规模效应。各类在线教育机构致力于在各大平台上推广自己的课程，在课程研发和师资培养上投入不足，造成教学内容同质化严重，教学质量良莠不齐（腾讯网，2021）。

（五）过度搜集个人信息

据中国互联网络信息中心统计，2019 年有近 89.6% 的未成年网民使用互联网进行学习（中国互联网络信息中心，2020），是在线教育最大的受众群体且呈现低龄化趋势。教育部办公厅印发的《关于严禁有害 APP 进入中小学校园的通知》、国家网信办发布的《儿童个人信息网络保护规定》以及最新修改的《中华人民共和国未成年人保护法》，均对保护未成人个人信息提出了严格要求。而在工信部发布的《关于侵害用户权益行为的 APP 通报（2020 年第二批）》中教育类 APP 竟然占据 2/3。主要涉及的问题包括过度索取权限、不给权限不让用、私自收集个人信息、超范围收集个人信息、未向用户明示申请的全部隐私权限等侵害用户权益的行为。一些在线教育的运营商根据未成年人的年龄、性别、爱好、上网习惯等进行大数据分析和画像，从而有针对性地向用户推出个性化的服务或者定向推送广告。而上述信息一旦泄露，未成年人的信息安全将面临着极大的风险。

二、“双减”背景下在线教育治理的风险

面对在线教育的行业失范行为及其引发的对教育生态的影响，国家对在线教育的监管也逐步推进。2021 年，“双减”政策的出台与实施，彰显了国家促进教育资源均衡配置、推动教育公平、激发学生活力、重塑校外培训行业发展格局、重构教育生态的多重治理目标，也标志着在线教育进入治理新阶段。“双减”实施一年以来，学生的作业负担和校外培训负担明显减轻、家长的校外教育支出和精力负担有效减轻、在线教育治理有序推进、教育生态得到初步改善。但也仍需看到进一步推进和深化“双减”政策的实施，依然面临着诸多挑战与风险。

（一）教育资源分配不均衡引发的风险

在线教育一定程度上助力了教育资源的优化配置，其具备摆脱时空限制、促进教育普惠、实现个性化教学、实现科技赋能教育等种种优势。特别是借助网络技术的发展，在线教育可以向教育力量薄弱的偏远地区输送教育资源，弥补教育资源分配不均的短板。而“双减”政策强调学校在教学育人方面的主阵地功能，从分配正义的视角审视“双减”格局下学校教育在学生发展中的权重得到增大，校际教育质量差距也成为影响学生学业成绩差异的重要因素（余晖，2021）。随着在线教育机构的压缩、在线教育培训“学科类”内容的严格限制，“双减”政策实施之下有可能引发教育资源分配不均衡的问题。

（二）家庭教育需求无法满足引发的风险

重视教育是中国社会的重要传统，也是教育“内卷化”的文化现象表征之一。接受优质教育从娃娃抓起已成为一种教育焦虑文化的“惯习”（陈友华、苗国，2021）。在“双减”政策下，校外培训机构学科类培训活动（作为“供应方”）的减量并不意味着中小学生实际补习需要（作为“需求方”）的自动减少。由于教育考试制度具有较强的筛选功能，特别是高考和中考承担着较强的选拔与分流功能，中小学生的课外补习需求将会长期存在（余晖、胡劲松，2022）。面对多重因素形塑的教育焦虑，家庭对包括在线教育在内的教育培训需求依然旺盛，这可能引发在线教育机构以隐匿或变相等违法的方式开展校外培训。

（三）在线教育机构转型与退出引发的风险

面对国家“双减”政策的重拳出击以及行业发展的不确定性，在线教育行业发展受到巨大的冲击，各家企业纷纷通过业务调整来维持自身发展。一是收缩甚至放弃相关业务。2021 年 5 月，高途、学而思、猿辅导等在线教育头部企业相继宣布下架学前教育相关业务。随后，新东方、好未来、学而思、卓越教育等宣布停止 K9（小学到初中）学科培训服务。二是在线教育机构迎来裁员大潮。高途、作业帮、猿辅导、好未来等在线教育机构陆续裁员，甚至有的在线教育机构裁员比例达到50%（新浪科技 花子健，2021）。三是在线教育机构积极转型。新东方向直播转型，也有其他在线教育机构选择向智能教育产品、非学科类培训、成人教育及职业教育转型。上述选择有可能引发在线教育从业人员重新就业、在线教育机构转型失败以及在线教育退出时无法保障消费者权益等问题，从而引发新的社会矛盾。

（四）在线教育监管制度不完善引发的风险

1. 在线教育监管依据政策性较强

我国对在线教育的监管动因源于对校外培训机构乱象的治理。2018 年以来，国家密集出台治理校外培训的相关政策，政策治理的对象由线下培训机构覆盖到在线教育机构。2018 年 11 月，教育部出台的《关于健全校外培训机构专项治理整改若干工作机制的通知》中明确提出要“强化在线培训监管”。这一时期的政策还是将在线教育纳入校外培训的宏观监管范畴中，具体监管政策还较为笼统。

2019 年 7 月，教育部等六部门发布《关于规范校外线上培训的实施意见》，该意见指出要根据互联网和线上培训的特点，用互联网的方法解决互联网的问题，采取“互联网 + 监管”的新模式监管互联网教育。2019 年 9 月，教育部等十一部门发布《关于促进在线教育健康发展的指导意见》（以下简称《指导意见》），这是国家层面出台的第一个以“在线教育”命名的文件，《指导意见》从多个层面提出了引导并规范在线教育发展的政策框架。

2020 年突如其来的疫情加速了在线教育的发展，在线教育行业在“高歌猛进”的同时也滋生了诸多乱象，引发各界关注。2021 年初，国家层面密集出台一系列政策，以强有力的姿态规范在线教育发展。监管部门以学前与义务教育领域的校外培训机构为重点治理对象，先后出台《关于大力推进幼儿园与小学科学衔接的指导意见》《关于进一步加强中小学生睡眠管理工作的通知》《关于加强义务教育学校作业管理的通知》，从授课对象、睡眠、作业等方面对校外培训机构的行为加以约束，在线教育迎来强监管时代。2022 年，“双减”政策中要求学科类培训机构一律不得上市融资；不得在节假日及寒暑假期开展学科类培训；不得提供和传播“拍照搜题”等不良学习方法；严禁聘请在境外的外籍人员开展培训活动等。这些规定直指在线教育乱象，在线教育迎来强监管时代。

通过上述梳理可以看出，不同时期、不同主体出台的各类政策构成了我国监管在线教育的主要依据。在线教育作为新生事物，相较于法律的滞后性，教育政策的及时性、灵活性、专业性可以为在线教育的监管提供便利，可以在高位阶立法无法及时出台的情况下及时回应现实的发展。相较于法律而言，政策的变动性较强，加之由于政府部门的业务分割，各部门间有效协调、沟通和合作的机制尚不健全，导致不同时期、不同主体发布的针对在线教育的监管政策在内容、目标等方面呈现碎片化的特征，增加了在线教育监管的不确定性，也无法为在线教育的监管提供坚实的制度依据。

2. 以备案为主的准入监管制度尚不完善

根据国家“放管服”改革的具体要求，2017 年，教育部印发的《关于教育网站网校审批取消后加强事中事后监管工作的通知》中明确要求对于教育网站网校一律不得进行审批或变相审批。由此，监管部门对于在线教育实施以备案为主的准入监管，要求在线教育机构以及在线教育 APP 在取得 ICP 备案、网络安全等级保护定级备案的证明、等级测评报告之后，即可向机构住所地的省级教育行政部门申请备案。①

对在线教育的市场准入采取行政备案制度，符合新形势下转变政府职能、优化市场营商环境的改革趋势（朱宝丽，2018）。但根据备案的要求来看，在线教育机构仅需要满足互联网的相关要求即可，但却忽视了对于在线教育是否应当具备教育资质的审查，降低了在线教育的准入门槛，实践中大量的以“文化公司”“科技公司”命名的机构只要满足互联网备案要求，即可开展在线教育活动，亦是导致在线教育机构林立、鱼龙混杂的主要原因。

2021 年 4 月，最新修改的《中华人民共和国民办教育促进法实施条例》以行政法规的形式明确要求利用互联网技术实施教育活动的民办学校应当取

---

① 详细规定参见教育部等八部门发布的《关于引导规范教育移动互联网应用有序健康发展的意见》、教育部办公厅发布的《关于印发〈教育移动互联网应用程序备案管理办法〉的通知》。

得相应的办学许可。“双减”政策要求线上学科类机构的准入要由备案改为审批。未来在线教育机构的准入要由备案转为审批，而目前的办学许可证审批制度主要是针对线下的教育机构的准入设计的，针对在线教育的准入标准、准入程序依然是法律空白地带，需要进一步的制度设计加以完善。

3. 传统执法方式不能有效应对在线教育的违法行为

受改革开放以来优先发展经济的观念影响，价格、税收、质检、工商等经济类执法乃至治安、交通、消防、环保等社会管理类执法受到许多关注，教育执法成为相对滞后的领域（湛中乐、靳澜涛，2021）。新技术与教育融合而成的在线教育，对已相对滞后的教育执法提出了诸多新挑战。

一是执法力量薄弱无法应对蓬勃发展的在线教育。在资本的推波助澜之下，在线教育发展的数量与规模急剧扩张，因执法力量不足无法有效、及时地开展在线教育监管。相较于线下培训机构要满足场地、教学设施、消防等场所条件，在线教育开展业务的行为更为便利，也更为隐蔽，在线教育的违法行为不易发现。

二是在线教育的执法管辖也面临挑战。相较于线下教育机构，在线教育可以提供辐射全国的教育产品与服务，在线教育机构与服务对象往往不在同一区域内，跨区域监管、处罚等涉及复杂的行政协调难度较大。

三是在线教育的执法方式创新不足。为了整治在线教育的无序发展，监管部门依然是依赖传统的检查、处罚的方式开展执法。特别是在2021年的教育执法中，以新东方、作业帮等为代表的在线教育头部企业相继被处以顶格罚款。在政府以往的运动式执法和专项检查中，执法部门受制于信息不对称和执法影响力等因素，更倾向于对一些大中型在线教育机构进行监督检查（张薇，2020），而数量众多、较为松散的小型培训机构则成为监管的灰色地带（孙伯龙，2020）。在线教育具有扁平化、覆盖广、规模大、变化快等特征，使得传统的监管方式和手段难以发挥有效作用（余胜泉，2019）。即使监管部门积极执法，仍有诸多无照无证的在线教育机构在监管部门的视野之外侥幸生存。

四是在线教育的监管重心以市场行为为主，忽略了对教育行为的监管。在线教育广告泛滥、侵害消费者权益、过度搜集个人信息等失范行为成为监管部门治理的重心，监管部门从限制广告投放、保障用户隐私安全、预付费资金监管等方面出台监管政策以矫正在线教育的违法行为，上述监管行为的重点是基于在线教育机构运营的市场行为，而对在线教育的教育监管关注不足。在线教育终究是育人的活动，目前的监管对于在线教育在教学设计、教学实施、质量监控等方面存在缺陷或者不足（杨攀，2020），欠缺对于课程质量的管理规则与课程质量标准的供给。

三、“双减”背景下在线教育风险治理应当考量的因素

（一）在线教育的功能定位

21 世纪以来，人们的学习方式正在发生深刻的变化，全民教育、优质教育、个性化学习和终身学习业已成为信息时代教育发展的重要特征。教育部出台的《教育信息化“十三五”规划》中明确提出，构建网络化、数字化、个性化、终身化的教育体系，实现人人皆学、处处能学、时时可学。党的十九届五中全会审议通过的《中共中央关于制定国民经济和社会发展第十四个五年规划和二〇三五年远景目标的建议》中指出：“发挥在线教育优势，完善终身学习体系，建设学习型社会。”在线教育是现阶段教育信息化的重要形式，特别是疫情下防控背景下的大规模在线教学实践，是一场教育界全民参与的危机应对，也是主动迎接新一轮教育革命的一次“试水”（刘永林、周海涛，2021）。在线教育推动着教育不再只具备工业化教育的传统职能，而是突破了学习时间、学习空间、学习内容、教师资源等的限制，满足学习者的不同需要，更好地培养未来社会所需要的人才，以应对未来更加复杂的挑战（易凌云，2018）。在线教育承载着促进教育公平、优化教育资源配置、终身学习以及推进我国教育现代化进程的重要功能。在线教育的风险应对应在考量在线教育的功能定位的基础上加以调适，引导在线教育在提供创新教育、个性化教育、高质量教育及保障教育公平功能的最大发挥。

（二）在线教育新业态发展与规范之间的平衡

在线教育是信息技术与教育相结合而产生的新业态。2020 年，国家发

展改革委、中央网信办、工业和信息化部等13个部门印发《关于支持新业态新模式健康发展、激活消费市场带动扩大就业的意见》，将在线教育纳入了重点支持发展新行业业态之中。新业态不是传统产业的简单规模扩张，而是通过互联网等先进技术推动产业及模式的革命性或者颠覆性变化，最终通过数字经济等领域形成增长新动能（陈建奇，2020）。以数字经济为代表的新业态新模式蓬勃发展，不仅创造出了强大的创业潜力、就业能力和经济价值，也为社会、文化等领域带来深刻改变（张璁，2020）。近年来，在线教育的高速发展，在成为我国数字经济重要力量的同时也发挥了增加就业，提供丰富优质的教育资源，使学习便利化、个性化的重要功能。在线教育是推动我国教育变革的重要力量，面对在线教育新模式、新业态时，监管部门应处理好新业态规范与发展之间的关系，在鼓励创新的同时进行有效监管，在包容与审慎中找到平衡，在促进与规范中引导在线教育有序发展。

四、"双减"背景下在线教育风险治理的建议

（一）以"公益性"为核心建构在线教育法律制度

我国《教育法》明确规定了教育活动必须符合国家和社会的公共利益，以教育基本法的形式确立了教育公益性原则，要求从事教育活动的机构以维护教育公益性为基本原则。《民办教育促进法》亦强调民办教育事业属于公益性事业，是社会主义教育事业的组成部分。在线教育是技术变革的结果，在线教育的本质依然是教育事业，应在遵循教育规律的基础上发展创新。在线教育不仅以科技的形式为公众提供知识与服务，还肩负着配置优质教育资源、促进教育公平、实现终身学习的重要使命。目前在线教育无序发展滋生的乱象已严重消解了教育的公益性，冲击了教育的本质与理念。政府对于在线教育机构的监管，应以公益性为原则来平衡在线教育机构的逐利行为，引导在线教育机构树立教育公益性的底线思维。

（二）完善在线教育立法，推动政府监管由政策治理走向法律治理

在线教育的治理是国家教育治理体系和治理能力现代化的重要内容。现

代治理的正式制度只有以法治的方式呈现，方能提升制度规范性、科学性、稳定性，并以国家强制力保障实施（江必新，2014）。目前政策主导下的在线教育监管为在线教育行业的发展带来极大的不确定性，同时《教育法》《民办教育促进法》等国家教育立法欠缺对于在线教育的有效回应。面对在线教育引发的新问题，国家应在坚持包容审慎原则的理念下及时更新或出台契合在线教育特点的高位阶、体系化且适应数字化时代教育发展规律的法律规范，以规范的法条逻辑来明确不同教育主体间的权利义务结构或权责关系，避免政策内容在形式上的相对模糊性（靳澜涛，2021），为在线教育的法律治理提供有效支撑，确保在线教育行业的发展和治理有法可依、有章可循。

（三）坚持"包容审慎"开展教育新业态的治理

在线教育是互联网技术高度发展后在教育领域形成的新业态，针对在线教育的法律监管应当符合我国近年来不断涌现的新业态、新技术、新模式的监管特点，应当按照对新业态包容审慎的原则进行监管。对于在线教育的包容审慎监管要求监管者对新业态抱以宽容态度，要站在促进创新的角度实施监管，不能让新业态因缺乏包容的监管而无从发展，更不能将新业态"一棍子打死"。审慎监管原则是指政府对新业态监管要审时度势、谨慎干预，在充分考虑监管得失利弊之后再实施科学合理适当监管（张效羽，2020）。

一是以权责清单明确在线教育的监管职责。首先，应当以权责清单的方式明确政府监管在线教育的职责。教育行政权责清单制度是教育行政权力在不同层级教育行政部门之间和同级各关联行政部门之间得以情境化优化配置的关键环节（高杭，2021）。相较于内容较为笼统、修订程序繁琐的法律法规，教育行政权责清单能够更加灵活地应对部门法定职责和实际执行之间的矛盾冲突，有助于突出基层治理方案与具体治理情境之间的适切性（高杭，2021）。在线教育行政权责清单的明确可以有效厘清在线教育相关机构监管的具体职能，厘清政府与市场的边界，提升监管效率与效果。

二是要创新政府监管在线教育的方式。在线教育服务呈现复杂性、广泛性、隐蔽性的特征，一味地依赖行政执法事后处置也面临着执法力量不足与执法效果不彰的问题。在政府监管方式上，除了行政处罚的有效运用以外，还应当广泛运用行政约谈、行政指导等监管方式来实现监管目标。

三是要完善在线教育的执法制度。在线教育执法制度是在线教育事中事后监管的重要环节。而教育行政执法已经发展成一个业务流程复杂、牵涉部门甚广、实施区域广大、社会影响深远的系统工程，需要多个行政领域、多个政府层级的执法力量发挥自身在行政执法资源方面的比较优势（高杭，2021）。因此，在线教育执法权力的合理配置是在线教育监管的关键。此外，在线教育要改变传统的以“经营场所”为主的执法形式，以契合在线教育特点的模式来开展执法。

四是积极运用新型监管工具。政府动用规制工具介入市场、社会等领域，这在现代行政国家已成为一个几乎不必详细论证的命题，真正需要论证的问题是，政府在面对特定问题时，应当采用何种规制工具以及如何采用该规制工具（张力，2019）。在互联网新业态的驱使下，监管实践中涌现出诸多适合新业态特点的监管工具，如“互联网＋监管”系统，可以有效促进政府监管规范化、精准化、智能化。智慧监管的运行工具包含信息技术工具、制度工具、教育培训手段、监管“金字塔”等多种政策工具。每一种政策工具都有其优点和缺点，没有一项政策工具具有足够的灵活性和弹性，能够成功解决所有的监管问题，因此政府部门在处理不同监管问题时应使用不同的监管工具（张毅等，2020）。

（四）构建在线教育多元治理机制

与传统的政府独享监管权模式不同的是，新时代的监管越来越强调协同性和集成性，越来越离不开政府之外的社会组织、行业协会、第三方专业机构和市场主体的积极参与、支持和配合（章志远，2020）。《国务院关于加强和规范事中事后监管的指导意见》明确提出了构建“市场自律、政府监管、社会监督互为支撑的协同监管格局”的目标。政府对新业态的监管需要充分发挥市场主体、社会公众与行业协会的功能。在线教育的治理同样需要发挥市场主体、行业协会的积极作用，推进合作治理。

一是应当科学厘清在线教育平台的责任，明确在线教育平台在提供教育产品和服务质量、消费者权益保护、网络安全、数据安全等方面的相应责任。

二是积极培育和扶持在线教育领域行业协会的发展，开展行业自治，及时制定在线教育服务标准、课程质量标准，引导在线教育机构诚信经营、规范发展。例如，为了规范K12在线教育企业经营行为、加强行业自律，天津市消费者协会、河北省消费者权益保护委员会立项制定的《K12在线教育服务与评价》团体标准，具体内容涵盖在线教育市场准入门槛、课程研发、产品技术、外教、课程服务及消费者服务等方面的意见和建议，并将其作为团体标准修改完善的重要参考。

三是强化在线教育机构的自律，坚持教育的初心，自觉抵制违法违规行为，在政策与法律的框架内规范发展。

四是重塑良好的教育生态。"教育生态"是指教育和对教育的产生、存在和发展起制约和调控作用的多元环境体系（穆铭，2021）。政府、家庭、学校、社会均是教育生态系统中的关键要素。数字化、网络化、智能化时代，政府、家庭、学校、社会之间的相互联系更加多元化。除对在线教育的监管外，政府也应致力建立有效的家校关系、完善人才选拔机制、革新教育评价标准，推动良好教育生态的构建。

参考文献：

张杰夫，2015，《互联网＋给教育带来五大革命性影响》，《人民教育》第13期。

马开剑、王光明等，2021，《"双减"政策下的教育理念与教育生态变革（笔谈）》，《天津师范大学学报（社会科学版）》第6期。

智课教育家长成长研究院，2018，《2018中国家长教育焦虑指数调查报告》，http://edu.sina.com.cn/zxx/2018-09-18/doc-ihkhfqns4070541.shtml。

杨小微，2019，《中国家长教育焦虑的问诊、探源与开方》，《人民论坛》第34期。

腾讯网，2021，《"学霸君"等在线教育频频爆雷，25位沪人大代表：光靠烧钱抢占市场怎么行》，https：//new. qq. com/omn/20210327/20210327A032MY00. html，最后访问：2022 年 6 月 26 日。

中国互联网络信息中心，2020，《2019 年全国未成年人互联网使用情况研究报告》，http：//www. cac. gov. cn/2020 - 05/13/c _ 1590919071365700. htm，最后访问：2021 年 6 月 5 日。

余晖，2021，《“双减”时代基础教育的公共性回归与公平性隐忧》，《南京社会科学》第 12 期。

陈友华、苗国，2021，《升学锦标赛、教育内卷化与学区分层》，《江苏行政学院学报》第 3 期。

余晖、胡劲松，2022，《“双减”政策下的私人家教：无序风险与规范向度》，《现代教育论丛》第 2 期。

新浪科技 花子健，2021，《刚拿 offer 就被劝退？好未来、猿辅导、作业帮……裁员大潮来袭!》，https：//www. sohu. com/a/473219359_ 170520，最后访问：2022 年 7 月 11 日。

朱宝丽，2018，《行政备案制度的实践偏差及其矫正》，《山东大学学报（哲学社会科学版）》第 5 期。

湛中东、靳澜涛，2021，《教育行政执法权的强弱两极化运行及其调适》，《湖南师范大学教育科学学报》第 2 期。

张薇，2020，《中国校外培训规范治理：统一的政策，多样的回应》，《全球教育展望》第 2 期。

孙伯龙，2020，《规制理论视域下校外线上培训治理的困境与转型》，《青少年犯罪问题》第 4 期。

余胜泉，2019，《基于大数据的在线教育服务监管，将是规范校外线上培训的一把利剑》，载《中国教育网》，https：//chuzhong. eol. cn/news/201907/t20190715_ 1670746. shtml。

杨攀，2020，《在线教育课程质量保障法律研究》，《法学教育研究》第 2 期。

刘永林、周海涛，2021，《后疫情时代高等在线教育治理：实践逻辑与政策应对》，《中国电化教育》第3期。
易凌云，2018，《互联网教育与教育变革》，福建教育出版社。
陈建奇，2020，《新业态监管要包容与审慎并重》，《学习时报》5月27日。
张璁，2020，《以良法善治保障新业态新模式健康发展》，《人民日报》12月15日。
江必新，2014，《法治现代化是国家治理现代化的核心内容》，《行政管理改革》第9期。
靳澜涛，2021，《我国教育治理政策化的成因与出路》，《苏州大学学报（教育科学版）》第2期。
张效羽，2020，《行政法视野下互联网新业态包容审慎监管原则研究》，《电子政务》第8期。
高杭，2021，《教育行政权责清单制度的反思与重构》，《教育研究》第2期。
张力，2019，《先证后核、消极许可与规制工具试验》，《中国行政管理》第5期。
张毅等，2020，《“互联网+”环境下的智慧监管模式》，《上海行政学院学报》第2期。
章志远，2020，《监管新政与行政法学的理论回应》，《东方法学》第5期。
穆铭，2021，《高质量教育体系需要构建健康的教育生态》，《人民教育》第9期。

The Research on Risks and Governance in the Development of Online Education

An Lina

Abstract: Online education is the product of the combination of technology and education in the new era, which has greatly promoted the process of educational informatization and educational modernization in our country. In the process of the rapid development of online education, there are some anomie behaviors, such as undermining the public welfare of education, aggravating educational anxiety, infringing upon the legitimate rights and interests of consumers, the quality of education can not be guaranteed and excessive collection of personal information, which are in urgent need of effective supervision. Under the background of the "double reduction" policy, the governance of online education is faced with the risks caused by the uneven distribution of educational resources, the inability to meet the needs of family education, the difficulties in the transformation of online educational institutions and the imperfect supervision system of online education. In the future, on the basis of considering the functional orientation of online education and the balance between the development and standardization of online education new business type, we should construct the legal system of online education on the premise of public welfare, by perfecting the legislation of online education, adhere to the "inclusive and prudent" governance of education new business type, and build a pluralistic governance mechanism to promote the risk governance of online education.

Keyword: Online Education, Supervision Basis, Supervision Mode, Regulatory Innovation

社会调查与案例分析

孙元明　编制社会稳定风险评估行业标准若干理论问题的务实性探讨

姚　瑶　孙晓冬　『忠诚』还是『附庸』：现代城市中的社区聚集
——以唐山市H庄社区聚居文化的形成为例

编制社会稳定风险评估行业标准若干理论问题的务实性探讨*

□ 孙元明**

摘要： 在社会稳定风险评估工作中编制、实施和推广行业标准涉及若干理论和实际问题。本文从实务的角度，采取创新行业标准规范与促进行业可持续发展二者并行共进的思路，对编制行业标准的目的和依据、基础和条件、内容和范围进行初步探索；就编制行业标准的基本流程、技术路径，研制稳评行标的整体框架和具体条文等作出描述；对稳评行标制定工作中需要特别关注的重点问题进行讨论，以促进国内社会稳定风险评估行业标准的出台和推动整个行业的可持续健康发展。

关键词： 行业标准　稳评行标　框架内容

中国地方社会治理的许多政策大都源于实践。发轫于四川遂宁的重大决策社会风险评估已走过了很多年，作为一项颇有政治前瞻性的制度设计，社会稳定风险评估已经被提升为一项重要的党政国策，相应的实践也演变为今天在全国各地广为实施的社会稳定风险评估工作。截至 2020 年 9 月，全国有 8000 多家第三方社会评估机构参与“稳评”业务（钟宗炬、张海波，2021）。据不完全统计，截至 2020 年底，全国从事社会稳定风险评估服务机构①的数量为 11609 家，全年新增数量达 4856 家，年增长率 71.91%。以中

---

* 本文为中国未来学会 2022 年重点课题：《编制社会稳定风险评估行业标准的基本思路和总体设计研究》阶段性成果之一。

** 孙元明，重庆市社会科学院研究员。

① 在这里特指名称或营业范围含有“社会稳定风险评估”等关键词的机构。

国招标采购导航网统计的数据为基础，对全国范围内纳入公开招标的社会稳定风险评估项目的数量、类型、分布以及中标金额进行统计，2020 年全国公开招标项目[①]共计有 7650 项，中标项目为 2771 项，比上年增长 210.65%。全年稳评中标项目的金额总计为 157819.25 万元，比上年增长 41.07%。可以这样说，自中央启动对重大事项进行社会稳定风险评估硬性要求以来，在省市县各级地方政府积极推进下，一个新兴的产业已经初步形成。各地社会稳定风险评估工作进入一个快速发展期，第三方评估组织和机构迅速扩大，有关“社会稳定风险评估行业标准”（以下简称稳评行标）的编制已成为理论和实践都亟待破解的一个重要议题。

近年来，国内业界、学界合作交流逐渐增多，经过多次倡议、酝酿、磋商和筹划，[②] 稳评行标呈现出呼之欲出之势。中国未来学会作为国家一级学会已率先启动“社会稳定风险评估行业标准”系列课题研究工作。本文拟就稳评行标编制工作中一些带有普遍性问题作一初步的阐述，并试图回答以下问题：什么是稳评行标？为什么要编制稳评行标？如何编制稳评行标？以期为我国编制稳评行标的实际工作提供前瞻性思考和整体思路。

一、稳评行标的含义和理论

凡行业都有行业标准。稳评行标，特指本行业内对那些在重复性事务中已经广泛使用的各种技术规范、规则加以全面整理，就通用的技术准则和具体内容（包括稳评范围、调查论证、文本编制、评审形式、审核备案和责任追究等）作出统一规定的文件。就外在的表现形式而言，它具象为一个文件或公约，有着自己特殊的表述规则；就具体内容而言，它是针对业内已相对固定和成熟的认知和行为所作出的一种约定。稳评行标是社会稳定风险评估

① 除公开招标外，实际上还有邀标、竞争性谈判或磋商、单一来源采购方式发包等多种方式，这些招标方式并未纳入本文的统计范围。

② 如，2017 年 12 月在南京召开的首届社会稳定风险评估前沿论坛、2020 年 9 月在天津举办的中国未来研究会评估与预测分会“温泉会议”、2021 年 7 月在重庆召开的“中国未来研究会评估与预测分会会长会议”等。

基础和质量监管的基本依据之一。尽管它并不具备法律形式的所有要件，但却又有类似于法律的约束力，在一定程度上可以对本行业（特定人群）内的某些行为（并非全部行为）有所约束，从而发挥规制的重要作用。行业标准具有软法的特征和性质，① 相对于法律法规的强制性而言，其采取自愿性原则，是一类特殊的行为规范。

行业标准是一个行业走向成熟的显著标志之一。制定具有可操作性的行业标准，不仅是政府对监管对象提出的客观要求，② 而且还有更为重要的现实意义：其一，稳评行标可以对外部市场失灵和信息不健全、不对称等问题加以必要的纠正，是业界充分履行职责义务的一种自律和自我约束，是对法律和行政监管的积极回应；其二，对于地方政府而言，意在规范市场秩序和促进企业行为自律，是实现行业治理乃至社会治理的一种重要工具；其三，对职能部门而言，实际上它也是对工作外包中配套政策缺失的一个有效补充；其四，对于企业而言，积极参与稳评行标制定工作，扮演标准制定参与者角色，可以提高企业及其产品的信用度和权威性，占领行业技术发展的制高点和拥有一定话语权，其提升企业市场竞争力和影响力的作用是不言而喻的。

二、稳评行标编制工作的基础和条件

实践往往走在理论研究的前面。按照中央要求，各省（市）地方政府纷纷出台政策，严格执行相关规定，并在实践中不断继续探索前行。从相关文件要求和实际工作情况来看，稳评内容已涉及五个方面：重大决策、重要政策、重大改革措施、重大工程建设项目与社会公共秩序相关的重大活动等。稳评对象类型可归纳为三类：政策类、工程类与事项类稳

① 软法是指对人们如何行为的基本规范与准则有所影响。它可能不完全具备国家法的特征，或虽符合法的形式要件但又不具有硬法所依赖的强制力。

② 各级地方政府制定了对第三方风险评估机构培育管理的实施细则，对“稳评”机构的备案条件、内部管理、绩效考核等提出具体要求和作出详细规定，参见《宁波市加强对第三方风险评估机构培育管理实施细则（试行）》（甬维稳〔2013〕4 号）等。

评。稳评流程大致分为三个阶段（步骤）：一是明确评估事项，确定评估对象；制定评估方案或工作计划。二是搜集相关文件，准备项目资料；组织实地调研；调查论证，过滤和识别风险，进而分析预测。三是编制评估报告；确定风险等级，确定实施意见，制定避险预案和维稳措施等。在风险定级上往往是根据“风险 = 致灾因子 × 脆弱性”公式，计算项目等级，确定风险系数，给出诸如“高、中、低”的综合风险等级判断，必要时给出相对的定量判断（百分制或概率形式）。因此，就具体的编制工作而言，实际上只是在各地原有的各种工作基础上作进一步的延伸、提升和推进而已。①

目前稳评行业呈逐步发展趋势，但仍存在若干不足，其突出表现就是行业标准制定相对滞后。缺乏行业标准带来如下乱象：一是评估过程不规范。各地开展风险评估工作诉做法不一，方法各异，在实际工作中存在着五花八门的模式。二是评估结果客观性不足。不同的方案差异很大，同样的结果却不一样；不同的事，评估结果却又差不多。类似项目所提交给委托方的报告文本相差不大，有的报告粗糙，甚至仅更换封面及标题，几乎一样可用。三是在制度建设层面，行业标准设置以及社会监管体系方面的缺失使这一机制蕴含的过滤和规避防范风险功能未能得到更为有效地发挥。

一般说来，本行业产品的主要体现形式是风险评估报告，对若干报告的文本进行结构分析表明，除背景介绍略有不同外，文本主体部分基本上使用的是标准化文本，广泛采用的是“454”② 概要式表述方式。当前各种类型的评估报告在表述形式基本上都是沿用这一框架。仅就文本形式来看，仍然没有跨越早期的“遂宁模式”和国家发改委主导《重大固定资产投资项目

① 工作基础已有指南类的规范性文件，如《江苏省社会稳定风险评估工作操作指南》《江苏省社会稳定风险评估工作导则（试行）》（工建设类）；还有行业自律类的约定，如清华大学社会稳定风险评估基地等单位发出的业界自律倡议等。

② 四项评估原则（属地管理和谁主管、谁负责原则，应评尽评原则，科学规划原则，服务保障原则），五项评估范围（重大决策、重要政策、重大改革措施、重大活动、重点工程建设项目），四项评估内容（合法性、合理性、可行性、安全性），被合称为“454”。

社会稳定风险评估暂行办法》工程评价[①]的窠臼。可以这样说，由于没有统一的行业标准，各组织机构和单位均基于不同协议和需求来开发各种自成体系的应用。

三、稳评行标编制工作的思路和技术路径

编制和推行稳评行标是当前国家社会治理的一项制度建设。制定稳评行标过程其实也是推动国家和地方政策出台过程。历史的经验告诉我们，从学界发声、业界呼应到形成高层共识，一项重要的社会政策出台有一个过程，通常需要一定时间间隔，大多要经历由下到上、由上到下的多次反复。其过程可分为三：提出政策议程阶段；形成备选方案阶段；政策合法化且推行阶段。当前我国的社会稳定评估工作尚未形成统一的行业标准。就整体而言，相关的研究也才刚刚起步，尚处于第一阶段后期至第二阶段初期的过渡中。当前亟须大力推进这一进程，编制一套科学的、适用的行业标准，供本行业从事稳评工作的不同组织机构和公司使用，以满足市场和企业的实际需要。

（一）基本思路

编制稳评行标必须用先进的理念来加以指导。本文提出一种以行业标准规范及其相关技术创新与促进行业可持续发展二者齐头并进的思路，让稳评行标引领产业的发展，提高行业产品的社会经济效益，使其在防范化解风险、统筹社会经济发展和维护总体国家安全等方面发挥更为有效的作用。

第一，有备而发，做好准备。科学的制定程序直接决定了行业标准是否能真正代表各方面利益，实现各方面利益的均衡。在编制稳评行标前，地方政法委应界定制定规则，并与利益相关方就标准制定程序作出合理沟通和参与安排。不少地方政府已有对稳评机构备案条件、内部管理、绩效考核等方

① 在实践中被广泛采用的稳评方式基本上是从原来的投资项目评估逐渐演变而来。2012 年 8 月，国家发展改革委出台《国家发展改革委重大固定资产投资项目社会稳定风险评估暂行办法》，提出我国境内建设实施的固定资产投资项目，在开展前期工作时都必须开展社会稳定风险评估分析和评估论证，社会稳定风险评估是重大固定资产投资项目审批中的一项前置性审查。

面的具体要求和详细规定，[①] 应在这些基础上制定行业标准。换句话说，就是以已有工作为基础，以已出台和实施的文件为依据，再讨论其他的条件。

第二，采取渐进策略。适度、择时、逐次推进适用范围和编制深度各不相同的标准。一是提出制定行业标准的设想。重在原则上的指导和大致的内容框架，可以侧重于理论上的描述。二是提出推荐使用的简易标准。并不硬性要求用户在实际操作层面必须使用。三是面向不同类型用户的多种标准。这里可能既有面向报告执笔者的引用标准和信息交换标准，也有面向一线调查人员的技术实施标准。四是可以正式实施和全面推广的行业标准，

第三，从可行性看，可先试行相对简单的团体标准。2018 年新的标准化法对我国的标准化体系进行调整，在原有国家标准、行业标准、地方标准、企业标准体系中增加团体标准并赋予其法律地位。国家鼓励行业协会等社会团体，协调相关市场主体共同制定满足市场和创新需要的团体标准。按照现行规定，学会、协会、企业或研究机构可以自愿联合，共同起草制定出一种可重复使用的标准，被称为团体标准（GXB）（唐汉，2021）。从目前实际情况来看，社会稳定风险评估工作使用一种较为宽泛意义上的团体标准作为过渡，可能更有利于本行业的可持续发展。[②]

（二）技术路径

这里的技术路径主要指设计、编制稳评行标的工作流程。

第一，以先进技术为基础，理顺各种现行各种政策要素之间的关系，提出任务要求和界定工作目标。梳理现有各种制度、政策和措施之间的关系，分析现行政策针对行业标准的各种要求，通过寻找这些规定和要求之间的关联来保证各种标准的衔接。

第二，制定技术规范和操作细则。确定工作步骤，绘制清晰的目标路线图和工作时间表。确定编制的具体流程。从发展的角度，流程设计应从对具

---

① 如《宁波市加强对第三方风险评估机构培育管理实施细则（试行）》（甬维稳〔2013〕4 号）等。

② 行业标准的分类有推荐性标准，强制（约束）性标准、倡导性标准和前瞻性标准四种。行业标准规范分级是：国家标准（GB）、行业标准（TB、JGJ、YBJ、DL.）、地方标准（DB）、企业标准，还有待成立的建设标准化委员会制定管理的标准，代号为 CECS。

体风险因素和事件的分析向风险可控程度和水平逐步深化拓展。

第三，确定哪些内容是需要重点考虑并努力解决的。近期内可在选择条件较为成熟的地方进行试点，寻找编制稳评行标工作突破口。针对社会稳定风险评估在制度设计与实践运行中存在的重点问题，针对实际工作中必须解决的具体问题，集中攻关，提出具体的实施细则。

四、稳评行标编制工作的原则和任务

编制稳评行标的原则与稳评工作应遵循的原则①是不同的。它特指用于指导社会稳定风险评估行业标准编制工作和执行的原则，旨在提高稳评行标本身的科学化、规范化和制度化水平。

（一）统一性和差异性结合，以满足不同方面的需求

一是用相对统一的标准进行评估。根据不同委托方所处的层次和层级（如省市级和区县的要求可能不同）细分差异，区别对待。二是用适宜的标准进行评估。鉴于不同类型评估有不同的特点和要求，可以按照影响面和效果的不同，分类制定具体的实施细则。三是考虑行业情况，结合本行业的实际，可分类制定涵盖区域不同的专项标准，辅以配套措施，在保证基本要求的大前提下，让各种方法都有应用的可能性。

（二）实用性和规范性结合，以适应不同类型的需求

一是标准简单易行，准确和可靠。在保持总体技术水平基础上可以适当地降低难度，以取得各方面最大共识。使稳评行标实施起来更具可操作性。二是求同存异，摒弃有争议内容，避免在评估指标等方面的分歧，确保从价值中立视角选择能够全面准确反映行业真实情况和企业意愿并能兼顾各方面的标准。三是保持标准的同质化，加强不同标准体系之间的认证认可，以提高标准的适用性，促进稳评行标的应用，增加产业协同水平。

---

① 稳评的基本原则和稳评行标编制的原则不同。稳评基本原则主要有权责统一、合法合理、科学民主、以人为本、公平和效益等。

（三）定性和定量方法结合，以实现第三方评估的标准化

在实践中使用的评估方法是多样的，但基本上所有的方法仍可分为定性描述和定量计算两类，其各有优劣。一是定性方法能列出和描述各类指标可能引发的风险，能够找出评估中所出现的一些问题，较好地全面反映风险的多样性，能为委托方提供各类指标的详细风险情况，并针对所发现的问题提出相应的建议，但是难以给委托方提出是否通过决策的建议。二是定量方法比较直观，使稳评的结果具有可计量性和可比性，可对安全隐患的风险程度和社会脆弱性进行分级、分段的量化处理，预测其损害程度，预估责任主体的承受能力，能为委托方提供一目了然的风险等级，对直观展示稳评结果较为有效，但是有时会将复杂问题简单化，造成部分事实的失真，无法对各类指标的风险进行全面分析。

如何选择恰当的定量与定性结合的综合方法？可以借鉴社会学、政治学和心理学有关质性分析的方法，在实际工作中对风险进行整体综合测评，以隐患排查为核心，以风险防范为关键，坚持定量分析与定性描述两种方法并重，以提倡“强调定量、不排斥定性”为宜。

五、稳评行标的主要内容

行业标准通常由技术标准、工作标准、管理标准和责任标准四个部分组成。稳评行标的主要内容涵盖范围包括评估方案制定、风险因素调查分析、风险等级标准确定等，涉及评估论证、文本编制、专家评审、审核备案等诸多环节。

（一）制定行业技术标准，对产品质量提出明确的要求

一是对行业产品[①]的质量作出规定。对产品的主要载体——评估报告的内容逐项进行说明和解释。涉及如何使用专业名词和内容表述等，可具体到文档格式（排版、字号，文档外形尺寸等）、印刷、包装、标志等。二是对

① 指作为乙方的风险评估企业最终向甲方（委托者）提交的风险评估报告及其内容。

信息收集处理的要求，有如何取样、样本大小及数据真实性和准确性的要求。三是问卷的理论建构和设计等关键技术，包括检验项目、取样方式及检验方法等。问卷编制和设计可具体到构成维度、项目分析、效标效应、信度、效度，问卷的兼容性、可操作性。四是提出单（多）因素风险评判标准和综合风险指数要求。推荐使用图表等简捷的表述形式。如“项目主要风险程度分析汇总表”对风险影响 P、风险概率 Q 和风险程度 P×Q 的描述；用“风险和防范措施汇总表”详细列出显性风险、潜在风险和可能诱发风险的应对措施等。

（二）制定行业工作标准，对评审形式和专家资质作出规定

一是对评估工作必经程序作出明确的规定。如调研环节包含听证会、座谈会、沟通会、走访座谈、问卷调查等；公示环节包含公示方式、公示方法和公示时间等。二是对评审形式作出规定。评审可以有多种形式（现场、验收、通讯和会议评审）。三是明确遴选任命评审专家的条件。代表委托方验收项目的专家需要有相应的专业知识和技术。目前不少省（市）陆续建立风险评估专家库并颁布管理办法，对参与稳评工作的专家个人或专家组织提出要求。如《山东省司法厅重大决策关于评估人员专业性的规定》：“决策单位可自行组织评估或会同有关单位（处室）共同评估，也可邀请有关社会组织、专业机构、专家学者和决策所涉及群众代表共同评估论证。”专家遴选任命没有统一的标准直接导致了评估专家身份的滥用和评估结论的模糊。在重庆市维稳办公布的首批稳评市级专家库 30 位成员中，仅有 4 人为专家学者，2 人为总工程师，其余 24 人均为职能部门的厅局级和处级干部。[①] 而在湖南省张家界市公布的市级维稳专家库中，所有的评估专家均任职于政府部门。因此，需要适当地增加评估专家学者的比例。

（三）制定行业管理标准，对从业人员资质提出要求

一是设定行业入职条件和管理人员的任职标准。对相关管理人员的技能

---

① 重庆市维稳办：《关于公布重庆市重大事项社会稳定风险评估市级专家库成员名单的通知》，渝稳办发〔2015〕17 号。

和学历等作出一定规定。即从事维评工作应该具有什么样身份和专业要求、应达到什么条件，需要加以明确的说明。二是将质量管理和信息化要求结合起来，对企业质量管理和信息化提出明确要求，包含对企业工作场所及办公设施、设备条件等作出详细规定。三是对从业人员的职业技能提出要求，对其应掌握的相关知识作出规定。四是对从业者的服务水平提出要求，通过对员工的业绩考核、年度考核或专项考核来提升从业者的行业素养。

（四）制定行业责任标准，建立必要的问责和免责制度

行业标准中有关于责任方面的内容，既是对委托方，也是对第三方机构参与行为的约束。一是在厘清委托方和第三方各自权责前提下，建立正式的责任归属制度。对第三方要有特定的免责制度，并加以必要监督。二是明确问责的渠道和方式，加大对犯规行为的惩罚力度。三是明确界定部分相对突出的犯规行为。如，招投标中的恶意高价竞标、串标等行为。对犯规企业给予多种有效的惩罚。四是建立必要的行业约束机制，设定“准入门槛”规范评估主体的资质。五是建立必要的逆向选择机制。借用行业内“口碑”作用强化对企业的监督和逆向选择。六是在对第三方机构整体水平和从业人员综合能力考察基础上，通过市场选择来淘汰资质不足、能力不够、内部管理不规范的机构。有的地方使用一种推荐目录并每年更新和公布新的名单，每年公布名单和业绩并按评价优良率排序，[①] 就是一种可行的方式和不错的选择。

六、开展稳评行标编制工作的对策建议

（一）明确地方政法委在稳评行标编制工作中的领导作用

根据国家现行法律法规和标准化工作有关规定，行业标准由行业归口部门进行统一管理。各级政法委作为稳评工作的主管部门来统领指导稳评行标

① 如重庆市已连续四年公布市级推荐目录，区县也每年公布自己的推荐目录。参见重庆市信访办：《关于印发部分重庆市社会稳定风险评估第三方机构名单及2020年业绩情况的通知》（渝信办〔2021〕6号）。

制定工作就是分内的事情。一是各级政法委加强对标准制定工作的指导，对那些直接制约行业发展的重大问题必须提出明确的要求。二是在标准制定工作中的立项、起草和征求意见等环节充分发挥引领作用。在稳评行标初稿出来后，由政法委对标准进行审查、批准并适时出台文件。三是省（市）和区（县）涉及稳评行标类的文件必须由政法委发布。如，各级有关社会稳定风险评估的《方法》、《技术规程》和《操作指南》等文件以及公开征求意见稿等。

（二）建议全国一级学会牵头编制行业标准并作为主编单位

目前，编制稳评行标的多种条件已经成熟。建议以全国一级学会牵头提出编制稳评行标计划或方案，为提高风险评估的水平和维护社会稳定提供示范性经验和理论支持。一是以全国一级学会作为稳评行标的主编单位，制订标准编制工作计划，启动行业标准编制起草工作。二是以多种层次课题的形式，立项科研项目，建立科研平台，研究并提出系统的标准制定技术评估体系。三是加强各机构的合作研究。成立联合课题组，组建包含一线公司在内的研究团队，会同有关社会组织（协会）一起，利用集体的力量，加强产学研之间的交流。四是提升稳评行标制定工作的专业性。联合全国学术机构成立稳评行标建设标准化委员会，建立稳评行标专业数据库，积累和选编具有独立的科学价值《社会稳定风险评估经典案例》，拓展稳评行标制定资源，促进稳评行标制定工作与社会需求的适应性。

（三）通过社会稳定风险评估行业协会推动稳评行标落地

行业协会是对行业标准进行有效管理、修订和使用的社会组织。目前在这一领域只有极少数城市成立了相应的社会组织。① 一是通过行业协会调动相关市场主体的积极性，共同制定满足市场和创新需要的团体标准协会，可以实行强制会员制，即凡属于第三方评估机构都要受所在地社会稳定风险评估协会的监督和管理。二是充分发挥行业协会的作用，发挥行业协会的优

① 2016年1月，经江苏省民政厅核准，江苏省社会稳定风险评估促进会成立，这是国内第一家省级层面、带有专业和行业双重性质的稳评社会组织。

势。三是通过行业协会完善稳评行标的标准化组织、更新维护、配套措施，提高社会各方面对稳评的认可度和社会公众的认同度，增加行业标准落地执行率。

七、稳评行标编制工作中需要重点讨论的几个问题

编制、推行和实施稳评行标存在若干关键环节，这里仅提出在实际操作层面亟待解决的一些具体问题供大家讨论，以引起同行关注。

（一）稳评行标制定考虑技术可行性和领先性的平衡

从现实来看，技术上是否可行是制约稳评行标应用和推广的重要条件。就笔者多年从事稳评工作经验而言，实际工作中的难点之一主要表现为对项目风险点识别和采用测量方法上。对风险点的识别涉及团队的实战经验和整体水平。评价一个报告的优劣也可以说主要集中体现在这两个方面。此外，需要注重主观性指标，增强评估的科学性和可靠性。在技术层面对指标的测量极为重要。但目前对满意度、信任和社会心态等影响社会稳定风险的主观指标还很难设计一套有效的、标准化的识别和测量体系，在一定程度上影响了风评的可靠性（杨敏，2016）。鉴于社会心态等主观性指标在实际工作中的突出表现和特殊作用，为提高稳评核心竞争力，加强其结论的可靠性，可考虑适当增加对主观性指标的分析。需要注意的是，要选择那些有代表性的因素，其中前瞻性指标不宜太多，但应定位较高，侧重于反映行标整体的领先性。目前国内只有为数不多的机构和公司将“风险量化”等技术引入风评工作，采用新的风险评估指标体系，试图对评估方法和维度进行改进。但是纯理论开发和精细计算的模型并没有太大的实际意义，且少有突破，难以全面用于指导、促进和推动稳评工作进展。

（二）稳评行标制定不能回避收费标准

稳评是基于委托方的不同要求（或依据与委托方的协议和合同）和市场需求开发的知识成果应用，是以“评估报告”为载体，通过为委托方提供的咨询论证等服务来实现的。作为一种社会科学类成果，要想恰当、准确

地确定其价值和价格是不现实的。从实际情况看，目前国内还没有一个通用的收费标准，只有一个各方面大致约定的额度。从项目平均中标金额来看，以2016年中国招标采购导航网平均中标金额25.09万元为最高，之后全国平均中标金额呈持续下降的趋势，到2020年达到近六年的最低点，为13.59万元。一行业标准难免涉及参与竞标企业之间的价格竞争。因此，业内应有一个对收费标准的大致约定。应以各省（市）区（县）政府已出台的各种规定性文件①为基础，并以实际应用为依据，对收费标准进行细化，提供一个可供各方面参考的范畴。

（三）稳评行标与其他行标或评估工作的关系

采取前瞻性构思，超前考虑稳评行标与现行政策的衔接，处理好行业技术标准、工作标准、管理标准和责任标准之间关系，避免相互冲突。一是在同一项目中通常会有多种评估（如稳评与环评）同时进行，要加强其相互之间的对接，强化不同形式和性质的评估相互配合和补充，减少稳评行标在适用性方面的冲突。二是加强与产业部门和主管机构的联系，提高稳评行标现有资源的综合利用水平，减少企业在实际操作中的盲目性和模糊性。三是考虑现代信息技术快速发展对数据标准化带来的新要求，一定要为稳评行标的更新、扩展和延伸留有较大余地。

参考文献：

钟宗炬、张海波，2021，《重大决策社会稳定风险评估的类型划分与案例分析》，《南京社会科学》第11期。

唐汉，2021，《行业协会制定团体标准的重要意义》，《西部皮革》第5期。

杨敏，2016，《社会稳定风险评估的理论、实践及意义》，《社会学》第2期。

① 如《上海市重点建设项目社会稳定风险评估咨询服务收费暂行规定》《重庆市物价局关于建设项目前期工作咨询收费有关问题的通知》等。

Prepare the Social Stability Risk Assessment Industry Standards Some Theory Problems of Ppragmatic Discussion

Sun Yuanming

Abstract: In the social stability risk assessment work preparation, implementation and promotion of industry standard involves a number of theoretical and practical problems. This article from the perspective of pragmatic, innovation industry standards and promote the sustainable development of the industry both in parallel in the train of thought, to prepare the industry standard and basis for the purpose of, basis and condition, content and scope carries on the preliminary exploration; The basic process of the industry standard, technical path, the overall framework and development of stability evaluation of line mark to describe such as specific provision; For stability evaluation of line standard formulation work need to pay special attention to key problems are discussed, so as to promote the domestic social stability risk assessment of occupation standard come on stage and promote the sustainable healthy development of the industry as a whole.

Keywords: Industry Standard, Stability Evaluation, Framework Content

“忠诚”还是“附庸”：现代城市中的社区聚集

——以唐山市 H 庄社区聚居文化的形成为例

□ 姚　瑶　孙晓冬*

摘要：“村改居”社区作为城市化进程中产生的特殊社区类型，兼具农村社区和城市社区的双重特点。本文通过对 H 庄社区聚居文化成因的分析，认为 H 庄社区独特的管理机制和内在社会环境是其得以在城市化的冲击下保持聚居文化的原因。H 庄社区房屋产权流转的限制增加了其成员出走社区的成本以及外部人员进入社区的门槛，其享有的集体财产权以及据此为成员们提供的集体福利和完善的基础公共设施，提供了社区成员忠诚于社区的动力，其内部盛行的宗族文化也是强化社区成员间社会联结的重要纽带。H 庄社区成员高度回流的聚居文化依赖于其所依托的社会环境，一旦其依赖的社会资源受到冲击，成员对社区的忠诚将会瓦解，聚居文化也将丧失其约束力，逐渐增加的选择自由将成为其城市化发展新的契机。

关键词：“村改居”社区　聚居文化　小产权房　集体福利　宗族文化

一、问题的提起

1978 年的改革开放推动了中国国民经济的迅猛增长，农村经济体制改革和城市就业机会的增加驱使着农民涌入城市，进城的农民便以“城镇暂住人口”的形式在城市中生活。与此同时，城乡户籍政策也逐渐放开，改革开

* 姚瑶：美国约翰霍普金斯大学公共管理专业在读硕士；
孙晓冬：中国政法大学政治与公共管理学院副教授、日本名古屋大学法学博士。

放前控制城市人口增长和城乡分隔的政策被鼓励小城镇发展的政策所取代，城乡之间的壁垒逐渐松动并被打破。在城市化潮流的裹挟下，城市的边界不断向外延伸，村庄逐渐被城市吞并，成为城市行政区划的一部分。城市化吸引着农村人口向城市流动，高速运转的现代化城市和逐渐脱离的农村社会的乡土关系，让人们越来越城市化，社会关系变得冷漠、疏远，乡土社会中独特的“聚居”传统也在城市化的冲击下褪色。

1976年发生的唐山7.8级大地震更是加重了唐山市社会关系的流失。唐山大地震将整座城市的建筑物几乎全部摧毁，地震后的重建使得唐山市的城市化更加彻底，震前的平房被高耸的楼房取代，唐山市成为一座完全意义上的“新城”。地震使得城市中的社会关系因为伤亡和居所的破坏被打破，人们被迫分散到新的地区生活。震后重建保证了唐山市正常的生活秩序，但是被地震破坏的社会关系由于新的稳定关系的形成，人们不愿迁回地震前的生活区域而难以复原。20世纪80年代正处于中国城市化迅猛推进的时期，高速运转的社会使得人们无暇建立新的关系。20世纪90年代，唐山市在全市范围内推行“平房改造政策”，取代了平房的高楼更是淡薄了彼此之间的联系。地震后的城市重建和其后的城市扩张政策使得唐山市的“聚居”传统流失得更加彻底。

城市化将不同生活背景的人聚集在一起，缺乏感情基础以及高速运转下现代人对于感情维系的忽视使得社区中的社会关系日渐疏远。但是，本文的研究对象唐山市H庄社区，虽然通过“村改居”实现了由农村社区向城市社区的过渡，但是不同于其他丧失亲密成员关系的城市化社区，其内部成员间依然保持着较为紧密的联结，成员的高度回流和低频率的人员组成变动塑造了其独特的聚居文化。具有拘束力的聚居文化如何在城市化带来的成员高速更迭的现实下形成及维系？H庄社区聚居文化的形成是源自社区成员对社区的忠诚，还是由于其成员被社区束缚而无法逃离？本文将从H庄社区的治理机制及其内部社会环境切入，探讨其聚集文化形成的原因及聚居现象在自由流动成为趋势的城市化背景下的未来发展轨迹。

目前学界对H庄社区这类“村改居”社区的界定存在着不同的理解。

部分学者认为“村改居”社区必须是经过实质上的搬迁、修建形成的新社区。还有部分学者认为仅有管理机构名义上的变更，即将原有的农村村民委员会改为城市社区居民委员会，不需要对原有社区进行实质性修整、搬迁，就属于“村改居”社区（王碧红、苏保忠，2007）。本文所研究的H庄社区属于未经实质性变动，仅在名义上进行“村改居”的社区。

“村改居”社区作为城市化转轨变型过程中产生的“过渡”社区的类型，其既有城市的外壳，又保留了农村社区的部分特征，在治理结构、经济结构等方面具有明显的“亦城亦乡”的过渡性特点。目前学界对“村改居”社区的探讨主要将其视为社区治理亟待解决的问题。有学者从社会资本理论的视角分析“村改居”社区治理困境产生的原因，并提出重构社区社会资本的途径（吴晓燕、关庆华，2015）；还有学者通过比较分析框架厘清“村改居”居委会与村委会和城市居委会的区别，从而为“村改居”社区提供治理建议（王碧红、苏保忠，2007）；另有部分学者从文化认同的角度分析“村改居”社区的治理困境并提出治理建议。

在本文看来，“村改居”社区作为城市化背景下的特殊社区类型，并不是“治理失败”的等价词。H庄社区虽然实行村级治理机制，但其早已实现了向城市社区的转型，其社区成员也早已融入了城市化的生产生活，实现了由“农村居民”向“城镇居民”实质意义上的改变。与其说H庄社区治理机制的不完全变革造成了社区治理的混乱，不如说它是H庄社区在城市化进程中依然能保留聚集传统的关键所在。对H庄社区聚居文化成因的探究不仅能为其独特于其他社区的发展轨迹提供解释，还能透析城市化进程对社区原有社会关系产生的影响。

本文的研究对象H庄社区隶属于河北省唐山市路北区G街道管理，现有居民856户。本文主要采取深度访谈法、参与式观察法与文本分析法对案例进行研究。本文所用资料来自笔者于2020年5—9月对H庄社区的实地调查，对H庄社区的居民、村“两委”及其他唐山本地居民的深入访谈，以及有关H庄社区的政府政策、媒体对H庄社区的新闻报道、H庄社区的家谱和历史记录等资料。

二、H庄社区：城市转型期的特殊社区类型

H庄社区隶属唐山市路北区，早在1956年就被划入唐山市主城区的范围，与唐山市中心[①]仅相距5公里，属于实质意义上的“城市”。在2013年“村改居”之前，H庄在行政区划上一直归属路北区Y乡管理，其管理机构也以“H庄村民委员会”对外行事。2013年在路北区政府的统一要求下，H庄进行了“村改居”社区划转，身份上实现了由“村庄”向“城市社区”的转变。依据政府规划，H庄由路北区Y乡管理划归到路北区G街道办事处管理，其名称由“H庄”变为“H庄社区”，管理机构由“H庄村民委员会”变为“H庄居民委员会”，住户性质由“村民”改为“居民”。

2013年“村改居”并未触及H庄性质的根本变革，其虽然名为“H庄社区”，但依然是村庄属性。根据中国法律的规定，只有农村集体才能享有集体土地所有权，是否拥有集体土地是区分农村集体和城市社区的标准。一般情况下，“村改居”社区是由于国家对原有社区所在地的土地的征收行为而搬迁、修建形成的新社区。根据法律规定，国家征收的土地为国有土地，在国有土地上修建的新社区归国家所有或个人所有。“村改居”往往伴随着集体财产权的丧失，从而彻底实现由农村向城市的过渡，但是H庄的“村改居”并未触及H庄的集体土地所有权的变动。H庄村委在1998年就已经根据《H庄平房改造实施方案》将村民们的平房按照比例兑换为相应面积的楼房，在其集体土地上修建了现在的H庄社区。楼房将原本分散居住的村民聚集在更为紧密的区域，节省下来的原村民房屋所在地也被H庄村委会用于修建工厂、超市等建筑物。

H庄社区工程2001年才竣工，政府征收其集体土地对社区推倒重建的行为显著为经济不利，所以H庄社区的集体土地得以在“村改居”改革中保留下来，全H庄财产目前依然归集体所有而非归国家或个人所有。集体财产权的享有决定了改革后的H庄社区依然保持着农村集体的属性，其管

① 根据访谈资料，唐山人普遍认为唐山市以唐山百货大楼为市中心。

理机构虽然改名为“H庄居民委员会”，但依然行驶“村民委员会”的工作职责；H庄的原村民虽然改为“居民”，但是其享受的计生、教育、优抚、卫生等其他待遇权益也没有受到影响。

H庄的村民早在其“村改居”前就实现了向城市居民的转变。“农村居民”与“城市居民”的区别不在于名义上是否为“城市居民”，而在于其是否能够适应城市化的生产生活方式。农村居民向城市居民转变过程中最大的挑战在于其能否完全依靠城市劳动而非务农维持其基本生活。H庄社区的居民早在其“村改居”前就完成了向城市劳动者的转变。自20世纪90年代起，H庄村民们的收入就不再依靠农业而是源自上班获得的薪酬。一方面，H庄社区拥有的集体土地主要为建设用地，其农业用地早在20世纪90年代就被政府征收用于修建唐山火车站，无地可耕导致H庄村民不得不另寻其他就业途径；另一方面，H庄社区所在地附近有大量国有企业，如唐山陶瓷厂、唐山钢铁有限公司、启新水泥厂、开滦唐山矿等，为H庄居民提供了大量的工作岗位，为他们实现向城市劳动者的转变提供了基础。城市化的劳动方式使得H庄居民虽然名为“村民”但在其名义上转变为“城市居民”前就已经实现了城市化。城市化的实质让H庄居民产生了对其城市身份的认同，唐山地区的民众也普遍将H庄的“村民”看作城镇居民。在社会保障及其他与身份有关的待遇上，H庄的村民也以“城镇户口”的身份享受，如村民们享受的医疗保险是城镇医疗保险而非享受新农合；H庄的儿童是以城镇户口上学而非农业户口。

三、忠诚还是附庸：进不来、不愿走的聚居文化

2005年后，在唐山市委的领导下，唐山市大力发展房地产行业，对唐山市周边大范围地区进行改造。大规模的楼盘开发行为重新塑造着唐山的宜居地点，推动着唐山市的人口流动，唐山市区社区的人员组成经历着重新洗牌。相较于其他社区人员的大规模变动，H庄社区极少有新的成员进入，原住户也极少有人离开，低频率的人员变动使得H庄社区得以保持较稳定的成员结构。H庄社区“进不来、不愿走”的特性塑造着其与众不同的聚居

文化，其形成与H庄社区独特的房屋产权制度和福利保障以及社区内部的宗族氛围密不可分，它们在塑造着社区成员忠诚的同时，又作为一种桎梏，阻碍着社区成员的自由离开。

（一）集体所有制下的房屋产权

如前所述，H庄社区虽名为“城市社区”但其实质上依然是农村集体。按照中国法律的规定，农村的土地除法律规定属于国家所有或已被依法征收的外，均属于集体所有。农村集体对集体土地享有处分权和使用权，但村民个人只能依据村集体的规定享有部分集体土地的使用权，不享有所有权。1998年H庄进行“平房改造”是在其所有的集体土地上进行的，建造后的房屋虽然按照《H庄平房改造实施方案》，将村民们的平房兑换为相应面积的楼房分配给村民，但是房屋的所有权属于H庄集体而非村民，村民们只享有房屋的使用权。按照法律规定，H庄社区这种集体所有的房屋属于“小产权房”而非真正意义上的商品房，其产权证不是由国家房管部门颁发而是由H庄颁发，不构成真正法律意义上的产权。根据《中华人民共和国土地管理法》的规定，“小产权房”只能在村集体成员内部转让、置换，农民将房屋卖给城市居民的买卖行为不受法律的认可与保护，即不能办理土地使用证、房产证、契税证等合法手续。所以“小产权房”向非本集体成员的第三人转让或出售的买卖合同的效力一般认定为无效，即使买卖也不能合法转让过户，如因房屋产权问题发生纠纷，购房人无法援引买卖合同保障其权利，其将会面临既无法取得房屋，又不能及时索回房款的尴尬境地。即便H庄社区地理位置便利、周围设施完善，并且其房价仅为唐山市房价的二分之一，[①] 但是由于缺乏对房屋产权的保护，H庄社区的房屋极少有人问津。即使“小产权房”对H庄社区房屋的正常租赁不产生影响，中国人传统观念中的“安土重迁”和“以房为本”使得人们更倾向于拥有自己的房屋而非依靠租房过活，现实中租赁H庄社区房屋的住户也是少数；并且H庄社区在1998年“平房改造”时房屋基本是按照一家一户的标准进行分配。因此，

① 据笔者调查，2020年11月唐山市区房价均价约为15000元，H庄社区房价均价约为7000元。

H 庄社区空余出来的可供出租的房屋占比极少，大部分房屋都是由 H 庄社区居民自己居住，所以 H 庄社区的人员组成中较少含有集体外的成员。

此外，集体房屋产权所有制要求使用权人必须为本村集体成员，H 庄的村民一旦将户口迁出 H 庄的集体户口，其所拥有的房屋使用权也将一并丧失。H 庄的村民虽然可以在其迁出户口前将其所有的房屋使用权在本村集体成员内部流转，但是小产权房的保值和增值空间有限，其在 H 庄成员内的流转也相对困难；并且 H 庄的村民想要在 H 庄外购买类似品质的房屋，按照市场价格至少需要多支付将近一倍的房款。离开 H 庄社区需要付出的代价使抑制了其成员搬离 H 庄社区的意愿。

H 庄社区小产权房性质的改变只能通过改变其所在地的土地所有权制度实现，即由集体土地所有制变为国有土地所有制。目前中国的集体土地所有权的丧失主要通过政府征收行为将其变为国有土地。但是，H 庄社区工程于 2001 年才竣工，距今仅有 20 年的历史，尚不存在重建的需求，并不存在政府购买 H 庄土地重新改造 H 庄社区的可能性。并且 H 庄社区的居住用途涉及对市民们基本生活需要的保障，政府在进行市区规划时也不会轻易使用 H 庄社区所在地的土地。在较长一段时间内，H 庄社区所在地的土地所有制将不会发生变动，其房屋的小产权房的性质也将延续。

“小产权房”的性质限制着 H 庄社区房屋的市场流通，离开社区需要付出的代价增加了社区成员离开的成本，进而束缚着其自由流动的意愿。并且“小产权房”交易的不安全性也成为 H 庄集体外成员进入社区的障碍，阻碍着集体外人员对 H 庄社区组成的扰动。H 庄社区稳定的人员组成使得社区聚居文化的形成成为可能。

（二）独特的集体福利

如前所述，H 庄社区在性质上仍属于农村集体组织，依法享有集体土地所有权。H 庄社区除拥有其所在地土地的所有权外，在唐山市区内还拥有上百亩的集体土地。1998 年，H 庄社区对本村所有居民的房屋进行了平房改造楼房计划，将原来分散居住在平房内的村民聚集到如今 H 庄社区所在地的楼房内，节省了村民住宅占有的集体土地。根据《中华人民共和国土地管理法》规定，空余出来的集体土地不归个人所有而归集体所有；农村集体土地可以由村集体经济组织或者村委会通过出让、出租等方式进入市场流通，其出让、出租获得的收益以集体财产的形式进入农村集体账户，增加村集体的收入。H庄社区村委会在其节省下来的集体土地上修建了超市和厂房用以对外出租，每年能为H庄集体带来上千万元的财政收入。根据中国法律规定，集体经济组织的经营、发包、租赁、投资、资产处置等集体收入，归集体所有，不需上交国家财政。因此，H庄社区享有对出租土地产生的集体收入的自主支配权，也据此形成了H庄社区独特的集体福利。

1. 独特的福利保障

H庄社区以其财政收入为其集体成员设立了单独的保障基金，包括养老基金、失业保障基金和儿童教育基金。H庄的财政收入是通过出租集体土地获得的集体财产，在其基础上建立的福利保障的受益对象因此只包含在H庄集体户口上的成员，外迁入H庄的成员并不能享受H庄的福利待遇，这也意味着H庄的集体成员一旦将户口迁出H庄，其便不能再享受H庄的福利制度。成员身份与福利保障机制的牵连性降低了社区成员的出走意愿。

H庄为其集体成员单独设立的保障基金并不排斥国家的社会保障金，H庄集体成员能够同时兼得国家和H庄的保障基金。以基本养老金为例，H庄的集体成员退休后除可以按规定领取国家财政支付的基本养老金外，还可以领取H庄社区为每位退休人员提供的每月2000元的养老基金。此外，H庄社区的失业人员不仅享有国家和H庄社区提供的双重失业保障金，H庄社区还会为失业人员安排就业岗位以解决其失业问题。H庄社区所拥有的集体土地上大多出租给大型超市或者工厂，社区在与其谈论出租条件时会额外附加要求承租企业为H庄集体成员保留安保、清洁等岗位的条件。这些预留岗位为社区成员就业提供了风险保障，成员失业后，H庄集体就会安排他们到承租集体土地的企业上班，以解决其失业问题。H庄还为上学的儿童设立教育基金以缓解其家庭的财政负担。根据H庄的规定，学生可以凭借其各阶段的录取通知书领取每月500元的上学补助直至高中毕业。

在H庄的传统观念中，“老有所终，壮有所用，幼有所长”的大同社会是治理的最终目标。相较于将集体的收入用于创办集体企业，[①] H庄村委会更倾向于将其财政收入用于增加集体成员福利的事项上。

2. 完善的基础设施

H庄社区除了将集体财产直接用于对成员的补贴，还重视利用集体财产完善社区内的基础设施。H庄社区不仅在排水系统、供暖系统等必需设施的质量上高于其他社区，其内还有其他社区不具备的独立的健身公园和凉亭。H庄社区完善的基础设施源于其独立的集体财产制度。正常情况下社区进行基础公共设施建设的资金源于政府财政拨款和社区自筹基金，唐山市区内的社区在性质上一般属于城市社区而非农村集体，因此极少有独立的财产来源。城市社区的收入一般通过出租广告位的方式获得，但是此种方式获得的收入极少，远达不到H庄社区每年上千万元的收入水平。因此，一般社区进行基础设施建设的资金只能依赖于政府财政拨款，拨款的金额决定了社区公共设施的修建水平。但是如前所述，H庄社区通过出租集体土地每年都能获得高额的收入，历届村委会也都重视社区的安居程度，因此H庄社区在进行基础公共设施建设和维修时，在政府拨款外还会动用H庄的集体财政进行补贴，其修建的基础公共设施相较于其他社区更加完善，这也促使H庄社区的成员更愿意在其内生活。

除社区内完善的公共设施外，H庄社区周围的生活条件也极为便利，2公里内就涵盖两所大型超市、一所医院、两所小学、一所初中、两所高中和两所职业技术学校。便利的生活条件满足了H庄社区的居民从幼年到老年的几乎所有生活需要，也造就了H庄社区居民极少愿意离开H庄社区的现象。

H庄社区独特的福利保障和完善的基础设施吸引着社区成员对其的忠诚，长期而稳定的社区成员组成塑造着社区内部稳定的社会关系。此外，H庄社区盛行的宗族文化进一步加强了社区内成员的联结，从而形成其独特的聚集文化。

---

① 指由乡村农民集体以集体财政出资创办的企业。

（三）盛行的宗族文化

H庄盛行的宗族文化是其聚集现象产生并维系的另一重要因素。宗族是中国古代社会为维护世袭统治而依据血缘关系远近创设的一种继承制度，在长期的历史传承过程中形成的血缘宗族文化已经演变为中国社会的特点，成为维系社会关系的重要纽带。但是，城市化的推进打破了宗族文化赖以形成的地缘关系，人们纷纷突破地区限制向更大范围的区域扩散。逐渐疏远的地理距离稀释着血缘关系的亲密程度，宗族联系也在逐渐远离的距离下变得纤弱甚至断裂。缺失的宗族文化使得人们不再记录自己的家谱，传统的祭祀和庆典活动也在慢慢消失。人们逐渐忘记自己的归属，社会关系联结的纽带也逐渐断裂。

唐山大地震更是冲击着唐山地区宗族文化的保留。一方面地震造成了将近40万唐山人的伤亡，家庭被摧毁，成员间走散、失联，在根本上破坏着血缘宗族传承的根基；另一方面宗族传承所依赖的重要依据——家谱在地震中也大多被毁损或遗失。在格外缺乏宗族文化制约的唐山社会，建立在宗族关系基础之上的聚居文化也并不多见，聚居传统正在消亡。但是，H庄社区却是例外，其至今还在盛行的宗族祭祀和家谱等传统宗族活动，成为维系其成员关系、形成聚居文化的重要纽带。

H庄社区根据刘、董、部、熊4个姓氏分为4个家族，家族间可以通婚，社区内成员大多沾亲带故，血缘关系非常亲近。亲近的血缘关系增进了彼此间的友善，进一步强化了成员间的亲密关系。各个家族至今仍保持着记录家谱的传统，每个家族每隔10年就会进行一次家谱统计，每个幼儿时期的家族成员都要进行家族历史的学习。迁出H庄社区家族成员虽然依旧保持着与家族的正常交往，但是家谱中被记载的成员只有统计时居住在H庄社区的成员。家族成员一旦迁出H庄的集体户口，在此后统计的家谱中，其之后的家族分支就不再延续记录。此外，H庄社区每逢重大节日都会以家族为单位举办祭祀或庆祝活动。在高度现代化的社会，H庄社区的居民依然保留着婚丧嫁娶在全社区摆流水席的传统。以家族为单位的集体活动和家谱的传承让H庄社区的成员自小形成了宗族团聚的观念，对宗族的忠诚在家族聚居地高度集中的H庄社区被等价为对社区的忠诚，以至其成年后依然倾向将H庄社区作为其未来生活的首选。基于宗族文化之上的代代传承形成了H庄社区独有的聚居文化。

四、结论与讨论：留下或离开，资源依赖性社区的未来

通过对H庄社区聚居文化的讨论，本文认为H庄社区独特的管理机制和内在社会环境决定着社区外成员“进不来”，社区内成员“不愿走”的现象，塑造着其聚居文化。H庄社区独特的管制制度一方面限制着社区成员走出社区，另一方面又引诱着成员不愿离开。“小产权房”的房屋流转问题增加了H庄社区成员离开的成本，提高了社区外成员进入的门槛，阻碍了社区成员的自由更替，从而形成较稳定的社区组成。H庄社区的村庄属性使得其得以利用其集体财产实现社区的自我成就，其提供的福利制度和高于其他社区标准的基础公共设施成为H庄社区成员不愿离开的吸引力；H庄社区盛行的宗族文化也是强化社区成员对社区认同感的另一重要因素，基于血缘关系之上的忠诚形成了H庄社区成员流动性低、高度回流的聚居文化。

H庄社区聚居文化的形成高度依赖其所处的社会环境——农村集体性质带来的集体财产及房屋产权限制。当H庄社区彻底转变为城市社区，失去其农村集体的身份，其凭借资源对其成员形成的引力和束缚将被重新洗牌。在城市化带来的便利的生活条件、自由的房屋流转制度和自给自足的内循环体系崩塌的H庄社区面前，聚居生活带来的优势被冲淡以至小于成员出走可获得的利益，吸引成员对社区保持忠诚的诱因占比逐渐减少，H庄社区的未来将面对像大多数被城市化的社区一样经历人员结构的频繁变动。在成员高速的更迭流动下，H庄社区的宗族文化也将被冲淡，逐渐失去其对社区内部关系的约束力。人员流动的自由与具有束缚力的聚居文化本就是对立的概念，城市化带来的便利和机会不断引诱着人们离开原居住地，脆弱的聚居文化最终将和大多数的城市社区一样被城市化的潮流吞没乃至解体，但与此同时，束缚的解脱和逐渐增加的选择自由将成为城市化发展新的契机。

参考文献：

吴晓燕、关庆华，2015，《“村改居”社区治理中社会资本的流失与重构》，《求实》第8期。

王碧红、苏保忠，2007，《比较分析框架下的“村改居”社区居委会的治理研究》，《湖北社会科学》第6期。

Loyalty or Impotence: Community Gathering in Modern Cities

—A Case Study on the Formation of Gathering Culture in H Village Community of Tangshan City

Yao Yao　Sun Xiaodong

Abstract: As a special type of community, "village-to-community transformation" communities are a product in the course of urbanization and carry the characteristics of both rural and urban communities. In this article, after analyzing the reasons of formation of gathering culture in H Village Community, the author believed that it survived the impact of urban culture due to unique management mechanism of H Village Community and inherent social environment. The restriction on transfer of housing property in H Village Community increased the costs of its members to exit from and raised the threshold for outsiders to enter into the community. The shared collective property rights, the collective welfare thereof and complete public facilities and infrastructure were the source of members' loyalty to the community. Furthermore, the internal prevailing clan culture also served as an important bond that strengthened the social connection among the members in the community. In H Village Community, the gathering culture characterized by high return rate of members was dependent on social environment. Once the social resources on which the H Village Community relies are impacted, the member's loyalty to the community will collapse and the gathering culture will also lose its restraint. As a result, the gradually increased freedom of option will provide new opportunities for its urban development.

Keywords: "Village-to-community transformation" Communities, Gathering Culture, Houses with limited property rights, Sollective Welfare, Clan Culture

《信访与治理研究》刊物
约　稿　函

《信访与治理研究》刊物是全国唯一公开发行的信访理论期刊，是原《信访与社会矛盾问题研究》刊物的改版和升级，本刊的公开发行填补了相关研究领域的空白。《信访与治理研究》刊物设于中国政法大学（“全国信访高等教育联盟”发起单位，全国首个信访博士、博士后培养方向培养单位，“信访大数据实验室”建设单位）。刊物由中国政法大学地方治理与危机管理研究中心主编，期刊编委由中国政法大学、北京大学、清华大学、中国人民大学、北京师范大学、香港中文大学、意大利比萨圣安娜大学、奥地利维也纳大学等境内外的知名专家学者担任。刊物协作单位包括清华大学中国社会风险评估研究中心、北京大学社会治理研究中心、北京师范大学法学院、中山大学地方治理与公共政策研究中心、武汉大学法律与科技研究中心、西南政法大学中国信访与法治中国研究中心、中南财经政法大学中国信访与社会稳定研究中心、华东政法大学信访制度比较研究中心、西北政法大学中国信访与地方法治政府研究中心等。

本刊主要栏目包括专家观点、理论视野、信访观察、学术前沿、社会调查与案例分析等。

现特向您征集信访与治理相关研究领域的稿件。

一、征稿要求

论文字数以 10000 字为宜，最多不超过 20000 字。

本刊不接受已经发表的论文和一稿多投的论文。依国际惯例，曾在国内外会议做主题发言的论文，视为未曾发表的论文，欢迎投稿。

欢迎相关领域的研究机构及时提供研究活动的消息动态，字数限制在 500 字以内。

本刊编辑部收到稿件后，恕不退稿，请作者自留备份。

二、论文体例

来稿应包括标题、摘要、关键词、正文、注释及参考文献等。

（一）封面（首页）：

封面需注明论文题目和所有作者的姓名、工作单位、职称、联系方式（包括移动电话和电子邮箱）。

（二）摘要和关键词（并附英文摘要和关键词）：

1. 摘要200—300字，要体现出以下几点：

写作目的（必写）

研究设计/研究方法/路径（必写）

发现（必写）

研究的局限性/启示（可写）

应用性的启示（可写）

社会影响（可写）

独创性/价值（必写）

2. 关键词：请在文题页上提供能够浓缩文章主要议题的5个关键词，我们将尽力在发表的文章中使用作者提交的关键词。但是，所有关键词须得到内部编辑组的批准。为保证一致性，它们有可能被替换为意思相同的其他术语。

（三）脚注/尾注：只在确实必要的地方使用脚注，文章中使用当前页起始编码。

（四）标题以及层级：标题必须简洁明了，并清楚标明层级结构。

（五）参考文献：

参考文献采用“作者—年份制”，具体要求如下：

行文中采取这种体系的标注格式为（作者，年份：页码），示例如下：（周雪光，2004：25）或者（Adams，2006）。其中页码部分视需要确定有无。注意，在行文中，中文作者使用的是全名，而英文作者使用的只是作者的姓，比如（马克思，1962），（Marx，1868）。引用同一作者同一年份的不同文章，可在年份后面加a、b、c来加以区别，比如（马克思，1956a）（马克思，1956b）。在同一处引用同一作者不同年份的多部作品，年份之间用逗号隔开，比如（韦伯，1949，1958）。引用多种文献时，不同文献之间用分号隔开，比如（韦伯，1949；马克思，1956）。引用多个中文作者合作的作品时，中文作者名之间用顿号隔开，英文作者名之间用逗号隔开，比如（苏国勋、夏光、张旅平，2005）。采用这种方式时，作品的最后必须附有一个详细的、按照首位作者的姓的首字母排序的参考文献。

例如：

专著：梁漱溟，2006，《乡村建设理论》，上海人民出版社。

（梁漱溟，2006）

Pollan, Michael. 2006. *The Omnivore's Dilemma: A Natural History of Four Meals.* New York: Penguin.

(Pollan, 2006)

Ward, Geoffrey C, and Ken Burns. 2007. *The War: An Intimal History*, 1941-945. New York: Knopf.

(Ward and Burns, 2007)

文集：高丙中，2000，《民间的仪式与国家的在场》，载郭于华主编《仪式与社会变迁》，社会科学文献出版社。

（高丙中，2000）

张静，2000，《“雷格瑞事件”引出的知识论问题》，《清华社会学评论》第2辑，鹭江出版社。

（张静，2000）

Kelly, John D. 2010. "Seeing Red: Mao Fetishism, Pax Americana, and the Moral Economy of War" In *Anthropology and Global Counterinsurgency*, edited by John D. Kelly, Beatrice Jauregui, Sean T. Mitchell, and Jeremy Walton, pp. 67-83. Chicago: University of Chicago Press.

(Kelly, 2010)

期刊：张其仔，1999，《社会网与基层经济生活》，《社会学研究》第3期。

（张其仔，1999）

Weinstein, Joshua I. 2009. "The Market in Plato's Republic." *Classical Philology* 104：439-458.

（Weinstein，2009）

会议论文：马勇，2012，《王爷纷争：观察义和团战争起源的一个视角》，"政治与精英与近代中国"国际学术研讨会会议论文，杭州。

三、投稿方式

来稿请以 Word 文档用电子邮件附件的方式发送至本刊邮箱 xinfangyanjiu@126. com，并在邮件主题中注明"投稿"。收到稿件后，编辑部将提交编委会审阅，如通过审核，我们将第一时间回复用稿通知。

四、联系方式

联系人：王凯　杨丽

电话：010－68719236

通信地址：北京市海淀区西三环北路27号北科大厦西区410

邮政编码：100089

因地址变更给您带来的不便敬请谅解，如有疑问，敬请致电。

《信访与治理研究》编辑部

中国民主法制出版社

全国唯一公开发行信访理论期刊《信访与治理研究》2022 年、2023 年公开征订

为深入贯彻落实党的二十大精神，深入贯彻落实习近平总书记关于加强和改进人民信访工作重要思想，持续推进信访与治理领域前沿理论与实践议题的研究，积极打造新时代信访理论研究者与实务工作者沟通交流的前沿理论阵地，2022 年，《信访与社会矛盾问题研究》刊物正式改版为《信访与治理研究》刊物。

作为全国唯一一份公开发行的信访理论期刊，《信访与治理研究》刊物（原《信访与社会矛盾问题研究》刊物）填补信访与治理领域的研究空白，是信访研究领域的重要创新。《信访与治理研究》刊物设于“全国信访高等教育联盟”发起单位，全国首个信访博士、博士后培养方向培养单位，“信访大数据实验室”建设单位——中国政法大学。刊物由中国政法大学地方治理与危机管理研究中心主编，期刊编委由中国政法大学、北京大学、清华大学、中国人民大学、北京师范大学、香港中文大学、意大利比萨圣安娜大学、奥地利维也纳大学等境内外高校研究院所的知名专家学者担任。刊物的协作单位包括清华大学中国社会风险评估研究中心、北京大学社会治理研究中心、北京师范大学法学院、中山大学地方治理与公共政策研究中心、武汉大学法律与科技研究中心、西南政法大学中国信访与法治中国研究中心、中南财经政法大学中国信访与社会稳定研究中心、华东政法大学信访制度比较研究中心、西北政法大学中国信访与地方法治政府研究中心等。

本刊为季刊（2022 年度改版阶段为半年刊），主要栏目包括专家观点、理论视野、信访观察、学术前沿、社会调查与案例分析等，力求突出理论创新性、前瞻性和问题导向性。刊物坚持理论联系实际，从信访视角探究当代中国国家治理、政府治理和社会治理领域的前沿议题。刊物运用多元学科的

视角，把握前瞻学术动态、总结深层实践规律，致力于构建信访理论研究者和实务工作者的交流平台，积极推动新时期信访与治理领域研究的深入，为推进新时期信访工作的创新完善提供支持。

现向广大读者公开征订 2022 年全年 2 辑，2023 年全年 4 辑（可自由选择，公开订购）期刊，每辑定价 60 元。期待您的关注和支持！

《信访与治理研究》编辑部
中国民主法制出版社
2022 年 10 月

订购回执

订购单位		邮政编码		
详细地址		联系人		
		电话		
刊名		定价	订数	金额小计
《信访与治理研究》2022年全2辑		120.00元（全2辑）		
《信访与治理研究》2023年全4辑		240.00元（全4辑）		
合计金额	万 仟 佰 拾元			

备注：此款已通过□邮局□银行于 年 月 日汇出

汇票号码为： 是否开具正式发票：□是□否

发票抬头： 发票项目：□图书□具体书名

纳税人识别号（选填）： 发票类型：□电子发票（推荐）□纸质发票

电子发票邮寄邮箱：

订购须知：

请务必将订购回执传真给《信访与治理研究》编辑部，作为订刊凭证。

联系人：王凯 杨丽 电话：010-68719236 传真：010-68719236

汇款信息（请注明“信访书款”）：

☆银行汇款：

收款人（户名）：中国民主法制出版社有限公司

开户行：中国工商银行股份有限公司北京玉林支行

账号：0200226019200047445